A mon fils Maurice, et à la mémoire de son héroïque
arrière-grand-père Maurice, comte Gérard, Maréchal de France.

Grand Dieu ! ce n'est pas une cause
Que j'attaque ou que je défend...
Et ceci n'est pas autre chose
Que l'histoire d'un pauvre enfant.

L'Aiglon: Drame En Six Actes, En Vers

Edmond Rostand

EDMOND ROSTAND

L'AIGLON

DRAME EN SIX ACTES, EN VERS

NEW YORK
BRENTANO'S, Publishers

PARIS
Librairie CHARPENTIER et FASQUELLE
EUGÈNE FASQUELLE, ÉDITEUR

1908

L'AIGLON

EDMOND ROSTAND

L'AIGLON

DRAME EN SIX ACTES, EN VERS

Représenté pour la première fois au THÉÂTRE SARAH-BERNHARDT,
Le 15 mars 1900.

> On ne peut se figurer l'impression
> produite... par la mort du jeune
> Napoléon... J'ai même vu pleurer de
> jeunes républicains.
> HENRI HEINE.

NEW YORK
BRENTANO'S, PUBLISHERS

PARIS
LIBRAIRIE CHARPENTIER ET FASQUELLE
EUGÈNE FASQUELLE, ÉDITEUR

1908

Press of J. J. Little & Ives Co.
Astor Place, New York

PERSONNAGES :

	Mme
FRANZ, Duc de REICHSTADT.	Sarah Bernhardt.

MM.

Séraphin FLAMBEAU . . .	Coquelin.
Le Prince de METTERNICH .	Desjardin.
L'Empereur FRANZ	Dureo.
Le Maréchal MARMONT . .	Rebel.
Le Tailleur	Scheller.
Frédéric de GENTZ	Deschamps.
L'Attaché français	Krauss.
Le Chevalier de PROKESCH– Osten	Deneubourg.
Tiburce de LORGET	Laurent.
Le Comte de DIETRICHSTEIN, précepteur du Duc	Ramy.
Le Baron d'OBENAUS . . .	Piron.
Le Comte de BOMBELLES . .	Fusch.
Le Général HARTMANN . .	Guibaud.
Le Docteur	Mallet.
Le Comte de SEDLINSKY, Di- recteur de la Police. . . .	Dara.
Un Garde-noble	Maret.
Lord COWLEY, ambassadeur d'Angleterre	Barry.
THALBERG	Français.
FURSTENBERG	Chabert.
MONTENEGRO	Deneuville.
Un Sergent du régiment du Duc,	Tastu.
Le Capitaine FORESTI . . .	Stephano.
Un Vieux Paysan	Rigler.
PIONNET	Durand.
GOUBEAUX	Royau.
L'Huissier	Stebler.
Un Montagnard	Canroy.

vii

MARIE-LOUISE, Duchesse de Parme	MÉA.
LA COMTESSE CAMERATA . .	MARCYA.
THÉRÈSE DE LORGET, sœur de Tiburce	DAMIROFF.
L'ARCHIDUCHESSE	BOULANGER.
FANNY ELSSLER	KERVICH.
LA GRANDE-MAITRESSE . . .	CANTI.
PRINCESSE GRAZALCOWITCH .	CELLARIUS.
QUELQUES BELLES DAMES DE LA COUR	SARYTA. BL. BOULANGER. MARIE ROYER. TASNY.
LADY COWLEY	SOLTERS.
LES DEMOISELLES D'HONNEUR DE MARIE-LOUISE	SIMONSON. JIGUEL. ROYER. BRENNEVILLE.
UNE VIEILLE PAYSANNE . . .	HEYSER.

LA FAMILLE IMPÉRIALE.

LA MAISON MILITAIRE DU DUC.

GARDES DE L'EMPEREUR : ARCIÈRES, GARDES-NOBLES, TRABANS, etc.

MASQUES ET DOMINOS : POLICHINELLES, MEZZETINS, BERGÈRES, etc.

PAYSANS ET PAYSANNES.

LE RÉGIMENT DU DUC.

1830–1832

NOTA.—Il ne faudra pas que le Lecteur s'étonne de trouver ici quelques vers que le Spectateur n'a pas entendus. Au Théâtre, il faut finir à une certaine heure. Alors on coupe un peu, et l'auteur fait semblant de ne pas s'en apercevoir.

Pour tous les détails de mise en scène, s'adresser au Théâtre Sarah-Bernhardt.

PREMIER ACTE

LES AILES QUI POUSSENT

PREMIER ACTE

LES AILES QUI POUSSENT

A Baden, près de Vienne, en 1830.

Le salon de la villa qu'occupe Marie-Louise. Vaste pièce au milieu de laquelle s'enlève la montgolfière de cristal d'un lustre Empire. Boiseries claires, murs peints à la fresque, d'un vert pompéien. Frise de sphinx courant autour du plafond.

A gauche, deux portes. Celle du premier plan est celle de la chambre de Marie-Louise. Celle du second plan ouvre sur les appartements des dames d'honneur.—A droite, au premier plan, une autre porte ; au second plan, dans une niche, un énorme poêle de faïence, lourdement historié.—Au fond, entre deux fenêtres, une large porte-fenêtre, par laquelle on aperçoit les balustres d'un perron formant balcon, qui descend dans le jardin. Vue sur le parc de Baden : tilleuls et sapins, profondes allées, lanternes suspendues à des potences en arceaux. Magnifique journée des premiers jours de septembre.

On a apporté dans cette banale villa de location un précieux mobilier. A gauche, près de la fenêtre, une belle psyché en citronnier chargé de bronzes ; au premier plan, une vaste table d'acajou, couverte de papiers ; contre le mur, une table étagère à dessus de laque, garnie de livres.—A droite, vers le fond, un petit piano Érard de l'époque, une harpe ; plus bas, une chaise longue Récamier auprès d'un grand guéridon. Fauteuils et tabourets en X. Beaucoup de fleurs dans des vases. Au mur, gravures encadrées représentant les membres de la famille impériale d'Autriche ; portraits de l'empereur François, du duc de Reichstadt enfant, etc.

Au lever du rideau, au fond du salon, un groupe de femmes très élégantes. Deux d'entre elles, assises au piano, dos au public, jouent à quatre mains.—Une autre est à la harpe. On déchiffre. Rires ; interruptions.

Un laquais introduit, par le perron, une jeune fille de mine modeste, qu'accompagne un officier de cavalerie autrichienne, un merveilleux hussard bleu et argent. Les deux nouveaux venus, voyant qu'on ne les remarque pas, restent un moment debout dans un coin du salon.—A ce moment, par la porte de droite, entre le comte de Bombelles, attiré par la musique. Il se dirige vers le piano, en battant la mesure. Mais il aperçoit la jeune fille, s'arrête, sourit, va vivement à elle.

3

SCÈNE PREMIÈRE

THÉRÈSE, TIBURCE, BOMBELLES, MARIE-LOUISE, LES DAMES D'HONNEUR

LES DAMES, au clavecin, parlant toutes à la fois,
et riant comme des folles.

Elle manque tous les bémols.—C'est un scandale !
—Je prends la basse.—Un, deux !—Harpe !—La...la !...
   —Pédale !

BOMBELLES, à Thérèse.

C'est vous ?

THÉRÈSE.

Bonjour, Monsieur de Bombelles.

UNE DAME, au clavecin.

Mi... sol...

THÉRÈSE.

J'entre comme lectrice aujourd'hui.

UNE AUTRE DAME, au clavecin.

Le bémol !

THÉRÈSE.

Et grâce à vous : merci.

BOMBELLES.

C'est tout simple, Thérèse :
Vous êtes ma parente et vous êtes Française.

THÉRÈSE, lui présentant l'officier.

Tiburce.

BOMBELLES.

Ah ! votre frère !

(Il lui tend la main, et montrant un fauteuil
à Thérèse.)

Asseyez-vous un peu.

THÉRÈSE.

Oh !—je suis très émue !

BOMBELLES, souriant.

Et de quoi donc, mon Dieu ?

THÉRÈSE.

Mais d'approcher tout ce qui reste sur la terre

4

De l'Empereur !...

BOMBELLES, s'asseyant auprès d'elle.

Vraiment ? C'est de cela, ma chère ?

TIBURCE, d'un ton agacé.

Les nôtres détestaient Bonaparte, jadis !

THÉRÈSE.

Je sais ... mais voir ...

TIBURCE, un peu dédaigneux.

Sa veuve !...

THÉRÈSE, à Bombelles.

Et peut-être ... son fils ?

BOMBELLES.

Sûrement.

THÉRÈSE.

Ce serait n'avoir pas plus, je pense,
D'âme ... que de lecture, et n'être pas de France,
Et n'avoir pas mon âge, enfin, que de pouvoir
Ne pas trembler, Monsieur, au moment de les voir.
—Est-elle belle ?

BOMBELLES.

Qui ?

THÉRÈSE.

La duchesse de Parme !

BOMBELLES, surpris.

Mais...

THÉRÈSE, vivement.

Elle est malheureuse, et c'est un bien grand charme!

BOMBELLES.

Mais je ne comprends pas ! Vous l'avez vue ?

THÉRÈSE.

Oh ! non !

TIBURCE.

Non ! on nous introduit à peine en ce salon.

BOMBELLES, souriant.

Oui, mais...

TIBURCE, lorgnant du côté des musiciennes.

Nous avons craint de déranger ces dames,
Dont le rire ajoutait au clavecin des gammes !

5

THÉRÈSE

J'attends Sa Majesté, là, dans mon coin.

BOMBELLES, se levant.

Comment ?

—Mais c'est elle qui fait la basse en ce moment !

THÉRÈSE, se levant, saisie.

L'Imp...

BOMBELLES.

Je vais l'avertir.

(Il va vers le piano et parle bas à une des dames qui jouent.)

MARIE-LOUISE, se retournant.

Ah ! c'est cette petite ?...

Histoire très touchante... oui... vous me l'avez dite...
Un frère qui...

BOMBELLES.

Fils d'émigré, reste émigré.

TIBURCE, s'avançant, d'un ton dégagé.

L'uniforme autrichien est assez de mon gré ;
Puis il y a la chasse au renard, que j'adore.

MARIE-LOUISE, à Thérèse.

Le voilà, ce mauvais garnement qui dévore
Tout le peu qui vous reste !

THÉRÈSE, voulant excuser Tiburce.

Oh ! mon frère...

MARIE-LOUISE.

Un vaurien,

Qui vous ruina ! mais vous l'excusez, c'est très bien.
—Thérèse de Lorget, je vous trouve charmante.

(Elle lui prend les mains et la fait asseoir près d'elle sur la chaise-longue Bombelles et Tiburce se retirent, en causant, vers le fond.)

Vous voilà donc parmi mes dames.   Je me vante
D'être assez agréable... un peu triste dupuis...
—Hélas !

(Silence.)

THÉRÈSE, émue.

Je suis troublée au point que je ne puis
Exprimer...

PREMIER ACTE

MARIE-LOUISE, s'essuyant les yeux.

Oui, ce fut une bien grande perte !
On a trop peu connu cette belle âme !

THÉRÈSE, frémissante.

Oh ! certe !

MARIE-LOUISE, se retournant, à Bombelles.

Je viens d'écrire pour qu'on garde son cheval !

(A Thérèse.)

Depuis la mort du général...

THÉRÈSE, étonnée.

Du général ?

MARIE-LOUISE, s'essuyant les yeux.

Il conservait ce titre.

THÉRÈSE.

Ah ! Je comprends !

MARIE-LOUISE.

...je pleure !

THÉRÈSE, avec sentiment.

Ce titre n'est-il pas sa gloire la meilleure ?

MARIE-LOUISE.

On ne peut pas savoir d'abord tout ce qu'on perd :
J'ai tout perdu, perdant le général Neipperg !

THÉRÈSE, stupéfaite.

Neipperg ?

MARIE-LOUISE.

Je suis venue à Baden me distraire.
C'est bien. Tout près de Vienne. Une heure.—Ah ! Dieu !
ma chère,
J'ai les nerfs !... On prétend depuis que j'ai maigri
Que je ressemble à la duchesse de Berry.
Vitrolles m'a dit ça. Maintenant je me frise
Comme elle.—Pourquoi Dieu ne m'a-t-il pas reprise ?

(Regardant autour d'elle.)

C'est petit, mais ce n'est pas mal, cette villa.
—Metternich est notre hôte en passant.—Il est là.
Il part ce soir.—La vie à Baden n'est pas triste.
Nous avons les Sandor, et Thalberg, le pianiste.
On fait chanter, en espagnol, Montenegro ;
Puis Fontana nous hurle un air de *Figaro* ;

7

L'archiduchesse vient avec l'ambassadrice
D'Angleterre ; et l'on sort en landau... Mais tout glisse
Sur mon chagrin !—Ah ! si ce pauvre général !...
—Est-ce que vous comptez ce soir venir au bal ?

THÉRÈSE, qui la regarde avec une stupéfaction croissante.

Mais...

MARIE-LOUISE, impétueusement.

Chez les Meyendorff.   Strauss arrive de Vienne.
—Bombelles, n'est-ce pas, il faudra qu'elle vienne ?

THÉRÈSE.

Pourrai-je demander à Votre Majesté
Des nouvelles du duc de Reichstadt ?

MARIE-LOUISE.

Sa santé
Est bonne.   Il tousse un peu...   Mais l'air est si suave
A Baden !... Un jeune homme ! Il touche à l'heure grave :
Les débuts dans le monde !—Et quand je pense, ô ciel !
Que le voilà déjà lieutenant-colonel !
Mais croiriez-vous—pour moi c'est un chagrin énorme !—
Que je n'ai jamais pu le voir en uniforme !...

(Entrent deux Messieurs portant des boîtes vertes.—Avec un cri de joie.)

Ah ! c'est pour lui, tenez !

SCÈNE II

LES MÊMES, LE DOCTEUR et son fils, portant de longues
boîtes vitrées, puis METTERNICH.

LE DOCTEUR, saluant.

Oui.   Les collections.

MARIE-LOUISE.

Déposez-les, docteur !

BOMBELLES.
Qu'est-ce ?

MARIE-LOUISE.

Des papillons.

PREMIER ACTE

THÉRÈSE.

Des papillons ?

MARIE-LOUISE.

J'étais chez ce vieillard aimable,
Le médecin des eaux. Ayant, sur une table,
Vu ces collections que son fils achevait,
J'ai soupiré tout haut : "Ah ! si le mien pouvait
S'intéresser à ça, lui que rien n'intéresse !..."

LE DOCTEUR.

Alors, j'ai dit à Sa Majesté la Duchesse :
"Mais on ne sait jamais. Pourquoi pas ? Essayons !"
Et j'apporte mes papillons.

THÉRÈSE, à part.

Des papillons !

MARIE-LOUISE, soupirant, au docteur.

S'il s'arrachait à ses tristesses solitaires
Pour s'occuper un peu de vos...

LE DOCTEUR.

Lépidoptères.

MARIE-LOUISE.

Laissez-les-nous, et revenez. Il est sorti.

*(Le docteur et son fils sortent après avoir disposé les collections sur la table.
Marie-Louise se retournant vers Thérèse.)*

Vous, venez, que je vous présente à Scarampi.
C'est la grande maîtresse.

(Apercevant Metternich, qui entre à droite.)

Ah ! Metternich !...Cher prince.

Le salon est à vous.

METTERNICH.

Il fallait que j'y vinsse,
Ayant à recevoir cet envoyé...

MARIE-LOUISE.

Je sais.

METTERNICH.

Du général Belliard, l'ambassadeur français,
Et le conseiller Gentz, et quelques estafettes.

(A un laquais qu'il vient de sonner, et qui paraît au fond sur le perron.)

9

Monsieur de Gentz, d'abord.

(A Marie-Louise.)

Vous me permettez ?

MARIE-LOUISE.

Faites !

(Elle sort avec Thérèse. Tiburce et Bombelles les suivent.—Gentz paraît au fond, introduit par le laquais. Très élégant. Figure de vieux viveur fatigué. Les poches pleines de bonbonnières et de flacons, il est toujours en train de mâchonner un bonbon ou de respirer un parfum.)

SCÈNE III

METTERNICH, GENTZ, puis un officier français attaché à l'ambassade de France.

METTERNICH.

Bonjour, Gentz.

(Il s'assied devant le guéridon à droite et se met à signer, tout en causant les papiers que Gentz tire d'un grand portefeuille.)

Vous savez que je rentre aujourd'hui.
L'empereur me rappelle à Vienne.

GENTZ.

Ah?

METTERNICH.

Quel ennui!

Vienne en cette saison !

GENTZ.

Vide comme ma poche!

METTERNICH.

Oh ! ça, ce n'est pas vrai, car, soit dit sans reproche...
Le gouvernement russe a dû...

(Il fait, du bout des doigts, le geste de glisser de l'argent.)

GENTZ, avec une indignation comique.

Moi ?

METTERNICH.

Soyez franc :

Vous venez de vous vendre encore.

10

PREMIER ACTE

GENTZ, très tranquillement, croquant un bonbon.

                    Au plus offrant.

METTERNICH.

Mais pourquoi cet argent ?

GENTZ, respirant un flacon de parfum.

             Pour faire la débauche.

METTERNICH.

Et vous passez pour mon bras droit !

GENTZ.

                 Votre main gauche

Doit ignorer ce que votre droite reçoit.

METTERNICH, apercevant les bonbonnières et les flacons.

Des bonbons ! des parfums ! Oh !

GENTZ.

            Cela va de soi.

J'ai de l'argent : bonbons, parfums. Je les adore.
Je suis un vieil enfant faisandé.

METTERNICH, haussant les épaules.

         Pose encore,

Fanfaron du mépris de soi-même !...

                (Brusquement.)

         Et Fanny ?

GENTZ.

Elssler ?... Ne m'aime pas. Oh ! je n'ai pas fini
D'être grotesque.

       (Montrant un portrait du duc de Reichstadt.)

        C'est le duc dont elle est folle.
Je suis un paravent qui souffre,—et se console
En songeant qu'après tout, il vaut mieux, pour l'État,
Que le duc soit distrait. Je fais donc le bêta :
J'escorte la danseuse en ville, à la campagne.
Elle veut que ce soir, ici, je l'accompagne
Pour surprendre le duc.

METTERNICH, qui pendant ce temps continue à donner des signatures.

         Vous me scandalisez !

GENTZ.

Ce soir la mère sort. Il y a bal.

(Il lui tend une lettre prise dans son portefeuille.)

         Lisez.

11

C'est du fils de Fouché.

METTERNICH, lisant.

Vingt août, mil huit cent trente...

GENTZ.

Il s'offre à transformer...

METTERNICH, souriant.

Bon vicomte d'Otrante !

GENTZ.

Notre duc de Reichstadt en Napoléon Deux.

METTERNICH, parcourant la lettre.

Des noms de partisans...

GENTZ.

Oui.

METTERNICH.

Se souvenir d'eux.

(Il lui rend la lettre.)

—Notez !

GENTZ.

Nous refusons ?

METTERNICH.

Sans tuer l'espérance !
Ah ! mais c'est qu'il me sert à diriger la France,
Mon petit colonel ! Car de sa boîte—cric !—
Je le sors aussitôt qu'oubliant Metternich,
On penche à gauche, et—crac !—dès qu'on revient à droite,
Je rentre mon petit colonel dans sa boîte.

GENTZ, amusé.

Quand peut-on voir jouer le ressort ?

METTERNICH.

Pas plus tard
Qu'à l'instant.

(Il sonne, un laquais paraît.)

L'envoyé du général Belliard !

(Le laquais introduit un officier français en grande tenue.)

Bonjour, Monsieur. Voici les papiers.

(Il lui tend des documents.)

En principe,
Nous avons reconnu le roi Louis-Philippe.

Mais ne donnez pas trop dans le quatre-vingt-neuf,
Ou bien nous briserions la coquille d'un œuf...

L'ATTACHÉ, immédiatement effrayé.

Est-ce une allusion au prince François-Charle ?...

METTERNICH.

Duc de Reichstadt ?... Je n'admets pas, moi qui vous parle,
Que son père ait jamais régné !

L'ATTACHÉ, avec une générosité ironique.

Moi, je l'admets.

METTERNICH.

Je ne ferai donc rien pour le duc. Mais... mais...

L'ATTACHÉ.

Mais ?

METTERNICH, se renversant dans son fauteuil.

Mais si la liberté chez vous devient trop grande,
Si vous vous permettez la moindre propagande,
Mais si vous laissez trop Monsieur Royer-Collard
Venir devant le roi déplier son foulard ;
Si votre royauté fait trop la République ;
Nous pourrons—n'étant pas d'une humeur angélique !—
Nous souvenir que Frantz est notre petit-fils...

L'ATTACHÉ, vivement.

Nous ne laisserons pas rougir nos lys.

METTERNICH, gracieux.

Vos lys,
S'ils savent rester blancs, ignoreront l'abeille.

L'ATTACHÉ, se rapprochant et baissant la voix.

On craint que malgré vous l'espoir du duc s'éveille.

METTERNICH.

Non.

L'ATTACHÉ.

Les événements ?

METTERNICH.

Je les lui filtre.

L'ATTACHÉ.

Quoi ?

Ignore-t-il qu'en France on a changé de roi ?

METTERNICH.

Oh ! non ! Mais le détail qu'il ne sait pas encore
C'est qu'on a rétabli le drapeau tricolore.
Il sera toujours temps...

L'ATTACHÉ.

Cela pourrait, c'est vrai,

L'enivrer !

METTERNICH.

Oh ! le duc n'est jamais enivré.

L'ATTACHÉ, un peu inquiet.

Je trouve qu'à Baden sa garde est moins sévère.

METTERNICH, très tranquille.

Oh ! ici, rien à craindre : il est avec sa mère.

L'ATTACHÉ.

Comment ?

METTERNICH.

Quel policier aurait plus d'intérêt
Qu'elle à le surveiller ? Tout complot troublerait
Son beau calme...

L'ATTACHÉ.

Ce calme est peut-être une embûche !
Elle ne doit penser qu'à l'aiglon !...

(La porte des appartements de Marie-Louise s'ouvre.)

MARIE-LOUISE, entrant en coup de vent, avec un cri de désespoir.

Ma perruche !

SCÈNE IV

LES MÊMES, MARIE-LOUISE un instant,
et LES DAMES D'HONNEUR qui la suivent affolées,
puis BOMBELLES et TIBURCE.

L'ATTACHÉ.

Hein ?

MARIE-LOUISE, à Metternich.

Margharitina, prince, qui s'envola !

14

PREMIER ACTE

METTERNICH, désolé.

Oh !

MARIE-LOUISE.

Margharitina ! Ma perruche !

(Elle remonte vers le perron. Les dames d'honneur se dispersent dans le parc à la poursuite de l'oiseau.)

METTERNICH, froidement, à l'attaché qui le regarde avec stupeur.

Voilà.

L'ATTACHÉ, remontant vers Marie-Louise et faisant l'empressé.

Si Son Altesse veut que je cherche ?

MARIE-LOUISE, s'arrête, le toise, et sèchement.

Non !

(Elle rentre dans son appartement après l'avoir foudroyé du regard. La porte claque.)

L'ATTACHÉ, de plus en plus ahuri, à Metternich.

Qu'est-ce ?

METTERNICH, réprimant un sourire.

On dit "Sa Majesté" ; vous dites "Son Altesse" !

L'ATTACHÉ.

L'empereur n'ayant pas régné, "Sa Majesté"
Ne peut rester à la Duchesse !

METTERNICH.

C'est resté.

L'ATTACHÉ.

Alors voilà pourquoi ce regard de colère ?

METTERNICH.

C'est une question toute... protocolaire !

L'ATTACHÉ, salue pour prendre congé ; puis, avant de sortir, demande

Est-ce que l'ambassade, à partir d'aujourd'hui,
Peut prendre la cocarde aux trois couleurs ?

METTERNICH, avec un soupir.

Mais qui...

Puisqu'on est d'accord...

(Aussitôt l'attaché jette sans rien dire la cocarde blanche de son chapeau et la remplace par une tricolore qu'il sort de sa poche. Metternich se lève en disant :)

Oh !... sans perdre une seconde !

(Bruits de grelots au dehors.)

Qu'est-ce ?

GENTZ, qui est sur le balcon.

L'archiduchesse arrive avec du monde :

Les Meyendorf, Cowley, Thalberg !...

BOMBELLES, qui au bruit des grelots est vivement entré par la gauche suivi de Tiburce.

Recevons-les !

(Au moment où il se précipite vers la porte, l'archiduchesse paraît sur le perron entourée d'un flot d'élégants et d'élégantes en costume de ville d'eau.—Des Grévedon et des Devéria.—Robes claires. Ombrelles. Grands chapeaux.—Un petit archiduc, de cinq à six ans, en uniforme de hussard, une minuscule pelisse sur l'épaule, deux petites archiduchesses dans ces extraordinaires robes de petites filles de l'époque.—Tumulte de voix et de rires.—Tourbillon de frivolités.)

SCÈNE V

LES MÊMES, L'ARCHIDUCHESSE, DES BELLES DAMES, DES BEAUX MESSIEURS, LORD et LADY COWLEY, THALBERG, SANDOR, MONTENEGRO, etc., puis THÉRÈSE, SCARAMPI, UNE DAME D'HONNEUR.

L'ARCHIDUCHESSE, à Bombelles, Metternich, Gentz, Tiburce qui s'avancent cérémonieusement.

Non ! c'est une villa, ce n'est pas un palais !
Pas de façons !

(Le salon est envahi. A un jeune homme.)

Thalberg ! vite, ma tarentelle !

(Thalberg se met au piano et joue. A Metternich, gaiement.)

Sa Majesté ma belle sœur, où donc est-elle ?

UNE DAME.

Nous venions l'enlever en passant !

UNE AUTRE.

Nous allons
Courir en char à bancs à travers les vallons ;
C'est Sandor qui conduit !

UNE VOIX D'HOMME, continuant une conversation commencée.

Il faut, dans son cratère,
Lui renfoncer sa lave !

L'ARCHIDUCHESSE, se tournant vers le groupe des causeurs.

Oh ! voulez-vous vous taire !

PREMIER ACTE

(A Metternich, en riant.)

Ces Messieurs ont parlé tout le temps de volcan !

BOMBELLES.

Ce volcan quel est-il ?

UNE DAME, à une autre, parlant chiffons. —

Cet hiver, l'astrakan ?

(Elles chuchotent.)

SANDOR, répondant à Bombelles.

Mais le libéralisme !

BOMBELLES.

Ah !...

LORD COWLEY.

Ou plutôt la France !

METTERNICH, à l'attaché français, d'un air sévère.

Vous l'entendez ?

UNE DAME, à un jeune homme, qu'elle entraîne par le bras
vers le clavecin.

Montenegro, votre romance !

Tout bas, rien que pour moi !...

MONTENEGRO, que Thalberg accompagne, chantant tout bas.

...*Corazon*...

(Il continue très doucement.)

UNE AUTRE DAME, à Gentz.

Gentz, bonjour !

(Elle fouille dans son réticule.)

J'ai des bonbons pour vous.

(Elle lui donne une petite boîte.)

GENTZ.

Vous êtes un amour !

UNE AUTRE, même jeu.

Un parfum de Paris !

(Elle tire un petit flacon et le lui donne.)

METTERNICH, qui a vu le flacon, vivement à Gentz.

Arrachez l'étiquette !

Eau du duc de Reichstadt !

GENTZ, respirant le parfum.

Ça sent la violette !

METTERNICH, lui arrachant le flacon et le grattant avec des ciseaux
pris sur la table. —

Si le duc survenait, il verrait qu'à Paris... -

2   17

UNE VOIX, dans le groupe d'hommes au fond.

Elle redresse encor la tête !

LADY COWLEY.

Nos maris

Parlent de l'hydre !

LORD COWLEY.

Il faut qu'elle soit étouffée !

L'ARCHIDUCHESSE, riant.

C'est un volcan... ou bien c'est une hydre !

UNE DAME D'HONNEUR DE MARIE-LOUISE, suivie par un domestique qui porte sur un plateau de grands verres de café au lait glacé.

Eis-Kaffee ?

(Un autre domestique a posé sur la table un plateau de rafraîchissements : bière, champagne, etc.)

L'ARCHIDUCHESSE, assise, à une jeune femme.

Dis-nous des vers, Olga !

GENTZ.

Si vous lui demandiez

De l'Henri Heine ?

TOUTES LES FEMMES.

Oui ! oui !

OLGA, se levant pour déclamer.

Quoi ?—*Les Deux Grenadiers ?*

METTERNICH, vivement.

Oh ! non !

SCARAMPI, sortant de l'appartement de Marie-Louise.

Sa Majesté vient dans une minute.

PLUSIEURS VOIX.

Scarampi !

(Salutations.—Rires.—Conversations et froufrous.)

LA VOIX DE SANDOR, au fond, dans un groupe.

Nous irons jusqu'à la Krainerhütte,
Et ces dames prendront sur l'herbe leurs ébats !

METTERNICH, à Gentz qui parcourt un journal pris sur la table.

Gentz, qu'est-ce que tu lis, dans ton coin ?

GENTZ.

Les *Débats.*

PREMIER ACTE

LORD COWLEY, nonchalamment.

La politique ?

GENTZ.

Les théâtres.

L'ARCHIDUCHESSE.

Bien futile !

GENTZ.

Savez-vous ce qu'on va jouer au Vaudeville ?

METTERNICH.

Non.

GENTZ.

Bonaparte.

METTERNICH, avec indifférence.

Ah ! ah !

GENTZ.

Aux Nouveautés ?

METTERNICH.

Mais non !

GENTZ.

Bonaparte.—Aux Variétés ?... *Napoléon.*
Le Luxembourg promet : *Quatorze Ans de sa vie.*
Le Gymnase reprend : *Le Retour de Russie.*
Qu'est-ce que la Gaîté jouera cette saison ?
Le Cocher de Napoléon.—*La Malmaison.*
Un jeune auteur vient de terminer : *Sainte-Hélène.*
La Porte Saint-Martin commence à mettre en scène :
Napoléon.

LORD COWLEY, vexoté.

C'est une mode !

TIBURCE, haussant les épaules.

Une fureur !

GENTZ.

A l'Ambigu : *Murat ;* au Cirque : *l'Empereur.*

SANDOR, pincé.

Une mode !

19

BOMBELLES, dédaigneux.

Une mode !

GENTZ.

Une mode, je pense,
Qu'on verra revenir de temps en temps en France.

UNE DAME, lisant le journal par-dessus l'épaule
de Gentz, avec sa face à main.

On veut faire rentrer les cendres !

METTERNICH, sec.

Le phénix
Peut en renaître,—mais pas l'aigle !

TIBURCE.

Quel grand X
Que l'avenir de cette France !

METTERNICH, supérieur.

Non, jeune homme.

Moi, je sais.

UNE DAME.

Parlez donc, prophète qu'on renomme !

L'ARCHIDUCHESSE, faisant le geste de l'encenser.

Ses arrêts sont coulés en bronze !

GENTZ, entre ses dents.

Ou bien en zinc !

LORD COWLEY.

Qui sera le sauveur de la France ?

METTERNICH.

Henri V.

(Avec un geste de pitié.)

Le reste, mode !

THÉRÈSE, debout, dans un coin, doucement.

C'est un nom qu'il est commode
De donner quelquefois à la gloire, la mode !

METTERNICH, se versant un verre de champagne.

Tant que l'on ne criera d'ailleurs qu'à l'Odéon,
Je crois qu'il n'y a pas...

·UN GRAND CRI, au dehors.

Vive Napoléon !

(Tout le monde se lève.—Panique.—Lord Cowley s'étrangle dans son café
glacé. —Les femmes, affolées, courent dans tous les sens.)

TOUT LE MONDE, prêt à fuir.

Hein ?—A Baden !—Comment ?—Ici ?

METTERNICH.

C'est ridicule !

N'ayez pas peur !

LORD COWLEY, furieux.

Si tout le monde se bouscule

Parce qu'on crie un nom !

GENTZ, criant gravement.

Il est mort !

(On se rassure.)

TIBURCE, qui était sur le balcon, redescendant.

Ce n'est rien !

METTERNICH.

Mais quoi ?

TIBURCE.

C'est un soldat autrichien.

METTERNICH, stupéfait.

Autrichien ?

TIBURCE.

Même deux.   J'étais là.   J'ai tout vu.

METTERNICH.

Regrettable !

(A ce moment, la porte de gauche s'ouvre.   Marie-Louise apparaît, toute pâle.)

SCÈNE VI

LES MÊMES, MARIE-LOUISE, puis un soldat autrichien.

MARIE-LOUISE, d'une voix entrecoupée.

Avez-vous entendu ?   Ho ! c'est épouvantable !
Ça me rappelle—un jour—la foule s'amassa
Autour de ma voiture—à Parme—

(Elle tombe défaillante sur la chaise longue.)

en criant ça !

On veut troubler ma vie !

METTERNICH, nerveux, à Tiburce.

Enfin, ce cri, qu'était-ce ?

21

TIBURCE.

Servant tous deux au régiment de Son Altesse,
Deux hommes, en congé, marchaient d'un pas distrait,
Quand ils ont vu le duc de Reichstadt qui rentrait ;
Vous savez qu'un fossé profond longe la rue :
Le duc veut le franchir ; son cheval pointe, rue,
Se dérobe ; le duc le ramène... et, hop là !
Alors pour l'applaudir, ils ont crié.   Voilà.

METTERNICH.

Faites-m'en monter un, vite !
(Tiburce, du perron, fait un signe au dehors.)

MARIE-LOUISE, à qui on fait respirer des sels.
On veut que je meure !

(Entre un sergent du régiment du duc. Il salue gauchement, intimidé par tout ce beau monde.)

METTERNICH, avec indignation.

Un sergent !—Pourquoi donc avez-vous, tout à l'heure,
Poussé ce cri ?

LE SERGENT.

Je ne sais pas.
METTERNICH,
Tu ne sais pas ?

LE SERGENT.

Le caporal non plus, avec lequel, en bas,
J'ai crié, ne sait pas.   Ça nous a pris.   Le prince
Était si jeune sur son cheval, et si mince !...
Et puis on est flatté d'avoir pour colonel
Le fils de...

METTERNICH, vivement.
Bien, c'est bien !

LE SERGENT.
Ce calme avec lequel
Il a franchi l'obstacle ! Et blond comme un saint
    George !...
Alors, ça nous a pris, tous les deux, à la gorge,
Un attendrissement... une admiration...
Et nous avons crié : " Vive... "

METTERNICH, précipitamment.
C'est bon ! c'est bon !

—Et : "Vive le duc de Reichstadt !", triple imbécile,
C'est donc plus difficile à crier ?

LE SERGENT, naïvement.
Moins facile.

METTERNICH.
Hein ?

LE SERGENT, essayant.
"Vive le duc de Reichstadt !"... Ça fait moins bien
Que : "Vive..."

METTERNICH, hors de lui, le congédiant du geste.
Allons, c'est bon, va-t'-en ! ne criez rien !

TIBURCE, au soldat quand il passe près de lui pour sortir.
Idiot !

SCÈNE VII

LES MÊMES, moins LE SERGENT.
DIETRICHSTEIN, entré depuis un moment.

MARIE-LOUISE, aux dames qui l'entourent.
Je vais mieux. Merci !

THÉRÈSE, la regardant tristement.
L'Impératrice !

MARIE-LOUISE, à Dietrichstein, lui désignant Thérèse.
Monsieur de Dietrichstein,—ma nouvelle lectrice.
(A Thérèse, lui présentant Dietrichstein.)
Le précepteur du duc !—Mais j'y pense, pardon !
Lisez-vous bien ?

TIBURCE, répondant pour elle.
Très bien !

THÉRÈSE, modestement.
Je ne sais...

MARIE-LOUISE.
Prenez donc
Un des livres de Frantz... sur la table de laque.
Ouvrez, et lisez-nous, au hasard !

L'AIGLON

THÉRÈSE, prenant un livre.
Andromaque.

(Grand silence. Tout le monde s'installe pour écouter. Elle lit.)

Et quelle est cette peur dont leur cœur est frappé,
Seigneur ? quelque Troyen vous est-il échappé ?
—Leur haine pour Hector n'est pas encore éteinte :
Ils redoutent son fils.

(Tout le monde se regarde. Froid.)

—Digne objet de leur crainte !
Un enfant malheureux, qui ne sait pas encor
Que Pyrrhus est son maître, et qu'il est fils d'Hector !

(Murmure et embarras général.)

TOUT LE MONDE.

Hum !... Heu...

GENTZ.

Charmante voix !...

MARIE-LOUISE, s'éventant nerveusement, à Thérèse.

Prenez une autre page.

THÉRÈSE, ouvrant le livre à un autre endroit.

Hélas ! je m'en souviens, le jour que son courage
Lui fit chercher Achille, ou plutôt le trépas,
Il demanda son fils,

(Les visages se rembrunissent.)

et le prit dans ses bras :
Chère épouse, dit-il en essuyant mes larmes,
J'ignore quel succès le sort garde à mes armes ;
Je te laisse mon fils...

(Murmure et embarras général.)

TOUT LE MONDE.
Hum !... Oui !

MARIE-LOUISE, de plus en plus gênée.

Si nous passions

A quelque autre... Prenez...

THÉRÈSE, prenant un autre livre sur la table.

Les Méditations.

MARIE-LOUISE, rassurée.

Ah ! je connais l'auteur !—Ce sera moins maussade !—
Il a dîné chez nous.

(A Scarampi, avec ravissement.)

L'attaché d'ambassade !

24

THÉRÈSE, lisant.

Jamais des séraphins les chants mélodieux
De plus divins accords n'avaient ravi les cieux:
Courage, enfant déchu d'une race divine...

(Au moment où elle dit ce vers, le duc paraît dans la porte du fond. Thérèse sent que quelqu'un entre, quitte le livre des yeux, voit le duc pâle et immobile sur le seuil, et, bouleversée, se lève. Au mouvement qu'elle fait, tout le monde se retourne et se lève.)

SCÈNE VIII

LES MÊMES, LE DUC.

LE DUC.

Je demande pardon, ma mère, à Lamartine.

MARIE-LOUISE.

Frantz, bonne promenade ?

LE DUC, descendant. Il est en costume de cheval, la cravache à la main, très élégant, la fleur à la boutonnière, et ne sourit jamais.

—Exquise. Un temps très doux.

(Se tournant vers Thérèse.)

—Mais à quel vers, Mademoiselle, en étiez-vous ?

THÉRÈSE hésite une seconde à répéter le vers ; puis, regardant le duc avec une émotion profonde.

Courage, enfant déchu d'une race divine,
Tu portes sur ton front ta superbe origine ;
Tout homme en te voyant...

MARIE-LOUISE, sèchement, se levant.

C'est bien. Cela suffit !

L'ARCHIDUCHESSE, aux enfants, leur montrant le duc.

Allez dire bonjour à votre cousin.

(Les enfants se rapprochent du duc qui s'est assis, l'entourent. Une petite fille et un petit garçon grimpent sur ses genoux.)

SCARAMPI, bas, avec colère, à Thérèse.

Fi !

THÉRÈSE.

Quoi donc ?

UNE DAME, regardant le duc.

Comme il est pâle !

UNE AUTRE, de même.

> Il n'a pas l'air de vivre !

SCARAMPI, à Thérèse.

Quels passages toujours choisissiez-vous ?

THÉRÈSE.

> Le livre

S'ouvrait toujours tout seul.... jamais je ne voulus...

(Scarampi s'éloigne en haussant les épaules.)

GENTZ, qui a entendu, hochant la tête.

Le livre s'ouvre seul aux feuillets souvent lus !

THÉRÈSE, à part, regardant mélancoliquement le duc.

Des archiducs sur ses genoux !...

L'ARCHIDUCHESSE, au duc, se penchant au dossier de son fauteuil.

> Je suis contente

De te voir.—Je suis ton amie.

> *(Elle lui tend la main.)*

LE DUC, lui baisant la main.

> Oui, toi, ma tante.

GENTZ, à Thérèse qui ne quitte pas le prince des yeux.

Comment le trouvez-vous, avec son petit air
De chérubin qui lit en cachette Werther ?

(Les enfants, autour du duc, admirent l'élégance de leur grand cousin, jouent avec sa chaîne, ses breloques, contemplent sa haute cravate.)

LA PETITE FILLE, qui est sur ses genoux, éblouie.

Tes cols sont toujours beaux !

LE DUC, saluant.

> Votre Altesse est bien bonne.

THÉRÈSE, à part, avec un sourire douloureux.

Ses cols !...

UN PETIT GARÇON, qui a pris la cravache du prince et en fouette l'air.

> Personne n'a des sticks pareils !

LE DUC, gravement.

> Personne.

THÉRÈSE, à part de même.

Ses sticks !...

UN AUTRE PETIT GARÇON, touchant les gants que le duc vient de retirer et de jeter sur une table.

Oh ! et tes gants !

Day of the jackal wins photo prize

You don't need human beings for great photographs. You just need great animals and a great camera-trap (Simon Barnes writes). This kit has become essential for science and conservation, allowing accurate data about animals to be obtained without anyone present: the animal takes its own picture. Mostly humdrum images lead to pages of data about species, populations and individuals. Researchers are used to pictures of vanishing furry bums.

But every now and then the procedure will produce a cracker. That is the thinking behind the *BBC Wildlife* magazine Camera-Trap Photo of the Year, sponsored by World Land Trust and Páramo. *The Times* is privileged to give you a preview of the winners. The overall winner and winner of the animal behaviour section is the black-backed jackal going for a young lion, a picture from the Ongava Research Centre in Namibia. One of the judges, Richard Edwards, of ARKive, said: "Is that a look of surprise on the lion's face?" The New Discoveries section was won by the picture of the sable antelope: these fine beasts had not been seen for years at the Lajuma reserve in South Africa.

The Animal Portrait category was won by the shot of the Florida panther, a subspecies of cougar, from the Florida Panther Symposium. See the pictures at www.discover-wildlife.com

BBC MARK CARWARDINE'S TOP 10 WILDLIFE

Wildlife

THE WOLF IS BACK!

News Technology

Leaner, meaner, but o
are still there to be cl

**The future
of the web
Google**

In the second part of a
series on the internet,
Murad Ahmed looks at
Google's big new ideas

The problem with Google, thought
Larry Page, the company's new chief
executive, was that it had become big
but was thinking small.

So, after taking over the top job in
April, Mr Page began to shake things
up. He has slashed the number of
projects. He has taken big gambles

PREMIER ACTE

LE DUC.

Superbes, mon chéri.

LA PETITE FILLE, le doigt sur l'étoffe de son gilet.

C'est en quoi, ton gilet ?

LE DUC.

C'est en Pondichéry.

THÉRÈSE, prise d'une envie de pleurer.

Oh !

L'ARCHIDUCHESSE, caressant du bout des doigts la rose qui fleurit la redingote du prince.

Tu portes ta fleur à la mode dernière !

LE DUC, se levant, avec une frivolité amère et forcée.

Vous remarquez ? Dans la troisième boutonnière !

(A ce moment, Thérèse éclate en sanglots.)

DES DAMES, autour d'elle.

Hein?—Qu'a-t-elle?

THÉRÈSE.

Pardon !... je ne sais pas... c'est fou !
Seule ici... loin des miens... brusquement...

MARIE-LOUISE, qui s'est approchée, avec un attendrissement bruyant.

Pauvre chou !

THÉRÈSE.

Mon cœur s'est si longtemps contenu...

MARIE-LOUISE, l'embrassant.

Qu'il s'épanche !

LE DUC, qui a fait quelques pas, sans avoir l'air de remarquer ces larmes, s'arrête, poussant du pied quelque chose sur le tapis.

Tiens ! qu'est-ce que j'écrase ?—Une cocarde blanche ?

(Il se penche et la ramasse.)

METTERNICH, s'avançant, avec embarras.

Heu !...

LE DUC, cherche un instant des yeux et voyant l'attaché français.

Ce doit être à vous, Monsieur !—Votre chapeau ?

(L'attaché lui montre son chapeau. Le duc aperçoit la cocarde tricolore.)

Ah !

(A Metternich.)

Je ne savais pas. Mais alors... le drapeau ?

27

MÉTTERNICH.

Altesse...

LE DUC.

Il l'est aussi ?

MÉTTERNICH.

Oui...c'est sans importance...

LE DUC, flegmatiquement.

Aucune.

MÉTTERNICH.

Question de couleur...

LE DUC.

De nuance.

(Il a pris le chapeau de l'attaché et, sur le feutre noir, rapproche les deux cocardes ; il les compare, en artiste, éloignant le chapeau, la tête penchée...)

Je crois—voyez vous-même, hein ? en clignant les yeux—
Que c'est décidément...

(Il montre la tricolore.)

celle-ci qui fait mieux.

(Il jette la blanche, et passe nonchalamment.—Sa mère le prend sous le bras et le mène devant les boîtes de papillons que le docteur, rentré depuis un instant, vient d'étaler sur la grande table.)

LE DUC.

Des papillons ?

MARIE-LOUISE, cherchant à l'intéresser.

C'est ce grand noir que tu préfères ?

LE DUC.

Il est gentil.

LE DOCTEUR.

Il naît sur les ombellifères !

LE DUC.

Il me regarde avec ses ailes.

LE DOCTEUR, souriant.

Tous ces yeux ?
Nous appelons cela des lunules.

LE DUC.

Tant mieux.

LE DOCTEUR.

Vous regardez ce gris qui de bleu se ponctue ?

PREMIER ACTE

LE DUC.

Non.

LE DOCTEUR.

Que regardez-vous ?

LE DUC.

L'épingle qui le tue.

(Il s'éloigne.)

LE DOCTEUR, désespéré, à Marie-Louise.

Tout l'ennuie !

MARIE-LOUISE, à Scarampi.

Attendons... je compte sur l'effet...

SCARAMPI, mystérieusement.

Oui, de notre surprise.

GENTZ, qui s'est approché du duc, lui présentant une bonbonnière.

Un bonbon ?

LE DUC, prenant un bonbon et le goûtant.

Oh ! parfait !
Un goût tout à la fois de poire et de verveine,
Et puis... attendez... de...

GENTZ.

Non, ce n'est pas la peine.

LE DUC.

Pas la peine de quoi ?

GENTZ.

D'avoir l'air d'être là.
J'y vois plus clair que Metternich.—Un chocolat ?

LE DUC, avec hauteur.

Que voyez-vous ?

GENTZ.

Quelqu'un qui souffre, au lieu de prendre
Le doux parti de vivre en prince jeune et tendre.
Votre âme bouge encore : on va dans cette cour
L'endormir de musique et l'engourdir d'amour.
J'avais une âme aussi, moi, comme tout le monde...
Mais pfft !... et je vieillis, doucettement immonde,
Jusqu'au jour où vengeant sur moi la Liberté,
Un de ces jeunes fous de l'Université,

29

Dans mes bonbons, dans mes parfums, et dans ma boue,
Me tuera... comme Sand a tué Kotzebue !
Oui, j'ai peur—voulez-vous quelques raisins sucrés ?—
D'être tué par l'un d'entre eux !

LE DUC, tranquillement, prenant un raisin.

Vous le serez.

GENTZ, reculant.

Hein ? Comment ?

LE DUC.

Vous serez tué par un jeune homme.

GENTZ.

Mais...

LE DUC.

Que vous connaissez.

GENTZ, stupéfait.

Monseigneur...

LE DUC.

Il se nomme

Frédéric : c'est celui que vous avez été.
Puisqu'en vous maintenant il est ressuscité,
Puisque comme un remords il vous parle à voix basse,
C'est fini : celui-là ne vous fera pas grâce.

GENTZ, pâlissant.

C'est vrai que ma jeunesse, en moi, lève un poignard !
... Ah ! je ne m'étais pas trompé sur ce regard :
C'est celui de quelqu'un qui s'exerce à l'Empire !

LE DUC.

Monsieur, je ne sais pas ce que vous voulez dire.

(Il s'éloigne.—Metternich rejoint Gentz.)

METTERNICH, à Gentz, en souriant.

Tu causais avec...

GENTZ.

Oui.

METTERNICH.

Très gentil.

GENTZ.

En effet.

30

PREMIER ACTE

METTERNICH.

Je le tiens tout à fait dans ma main.

GENTZ.

Tout à fait.

LE DUC, est arrivé devant Thérèse qui, assise, dans un coin, devant un guéridon, feuillette un livre. Il la regarde un instant ; puis, à mi-voix :

Pourquoi donc pleuriez-vous ?

THÉRÈSE, qui ne l'a pas vu venir, tressaillant, et se levant toute troublée.

Parce que...

LE DUC.

Non.

THÉRÈSE, interdite.

Altesse !

LE DUC.

Je sais pourquoi.—Ne pleurez pas.

(Il s'éloigne rapidement, et se trouve devant Metternich qui vient de prendre son chapeau et ses gants pour sortir.)

METTERNICH, saluant le duc.

Duc, je vous laisse.

(Le duc répond par une inclinaison de tête.—Metternich sort, emmenant l'attaché.)

LE DUC, à Marie-Louise et à Dietrichstein qui regardent des papiers sur la table.

Vous lisez mon dernier travail ?

DIETRICHSTEIN.

Il est charmant.

Mais pourquoi faire exprès des fautes d'allemand ?
C'est une espièglerie !

MARIE-LOUISE, choquée.

A votre âge, être espiègle,

Mon fils !

LE DUC.

Que voulez-vous ? je ne suis pas un aigle !

DIETRICHSTEIN, soulignant de l'ongle une faute.

Vouz mettez encor " France " au féminin !

LE DUC.

Hélas !

Moi je ne sais jamais si c'est *der, die* ou *das!*

31

DIETRICHSTEIN.

Le neutre seul, ici, serait correct !

LE DUC.

Mais pleutre.

—Je n'aime pas beaucoup que la France sóit neutre.

MARIE-LOUISE, interrompant Thalberg qui pianote.

Mon fils a la musique en horreur !

LE DUC.

En horreur.

LORD COWLEY, s'avançant vers le duc.

Altesse...

DIETRICHSTEIN, bas au duc.

Un mot aimable !

LE DUC.

Hein ?

DIETRICHSTEIN, bas au duc.

C'est l'ambassadeur

D'Angleterre.

LORD COWLEY.

Tantôt, galopant, hors d'haleine,

D'où reveniez-vous donc, prince ?

LE DUC.

De Sainte-Hélène.

LORD COWLEY, interloqué.

Plaît-il ?

LE DUC.

C'est un coin vert, gai, sain,—et beau, le soir !

On y est à ravir. Je voudrais vous y voir.

(Il salue, et passe.)

GENTZ, vivement à l'ambassadeur d'Angleterre,
tandis que le duc s'éloigne.

Sainte-Hélène est le nom du principal village

D'Helenenthal, ce site exquis du voisinage.

L'AMBASSADEUR.

Ah ! oui !—Je crois, soit dit sans le lui reprocher,

Que c'est, dans mon jardin, une pierre.

GENTZ.

Un rocher !

PREMIER ACTE

DES VOIX, au fond.

On part!

L'ARCHIDUCHESSE, à Marie-Louise.

Viens-tu, Louise?

MARIE-LOUISE.

Oh! moi, non!

CRIS.

En voiture!

L'ARCHIDUCHESSE, au duc.

Et toi, Franz?

MARIE-LOUISE.

Non! mon fils déteste la nature!

(Avec pitié.)

Il galope lorsqu'il traverse Helenenthal!

LE DUC, sombre.

Oui, je galope.

MARIE-LOUISE.

Ah! tu n'es pas sentimental!

(Brouhaha.—Saluts.—Toute la compagnie sort dans un tumulte de voix.)

MONTENEGRO, déjà sur le perron.

Je connais un endroit pour goûter, où le cidre...

(Sa voix se perd.)

CRIS, au dehors.

Au revoir! au revoir!

GENTZ, sur le balcon, criant.

Ne parlez pas de l'hydre!...

(Éclats de rires.—Grelots des voitures qui s'éloignent.)

THÉRÈSE, à Tiburce, qui prend congé.

Adieu, mon frère.

TIBURCE, l'embrassant au front.

Adieu.

(Il s'incline devant Marie-Louise, et sort avec Bombelles.)

MARIE-LOUISE, aux dames d'honneur, leur confiant Thérèse.

Menez-la maintenant

Chez elle...

(Thérèse sort, emmenée par les dames.—Le duc s'est assis, remuant distraitement des livres sur une table.—Marie-Louise fait signe en souriant à Scarampi, qui est restée,—puis s'avance vers le duc.)

3   83

SCÈNE IX

LE DUC, MARIE-LOUISE, SCARAMPI, puis UN TAILLEUR et UNE ESSAYEUSE.

MARIE-LOUISE, au duc.

Franz...

(Il se retourne.)

Je vais vous égayer!

LE DUC.

Vraiment?

(Scarampi ferme soigneusement toutes les portes.)

MARIE-LOUISE.

Chut!—J'ai fait un complot!...

LE DUC, dont l'œil s'allume.

Vous! un complot?

MARIE-LOUISE

Immense;

Chut!—On nous interdit tout ce qui vient de France;
Mais moi, j'ai fait venir, en secret, de Paris,
De chez deux grands faiseurs...

(Elle lui donne une petite tape sur la joue.)

Allons, coquet, souris!

Chut!... pour vous, un tailleur...

(Montrant Scarampi.)

pour nous, une essayeuse!

Je crois que mon idée est vraiment!...

LE DUC, glacial.

Merveilleuse.

SCARAMPI, allant ouvrir la porte de l'appartement de Marie-Louise.

Entrez!

(Entrent une demoiselle—élégance de mannequin—qui porte de grands cartons à robes et à chapeaux, puis un jeune homme habillé comme une gravure de modes 1830, les bras chargés de vêtements pliés et de boîtes. Le tailleur descend vers le duc, tandis qu'au fond, l'essayeuse déballe les robes sur un canapé. Après un profond salut, il s'agenouille vivement, ouvrant les boîtes, défaisant les paquets, faisant bouffer des cravates, dépliant des vêtements.)

LE TAILLEUR.

Si Monseigneur daigne jeter les yeux...
J'ai là des nouveautés charmantes!   Ces messieurs
Ont assez confiance en mon goût.   Je les guide.
Les cravates d'abord.—Un violet languide.—
Un marron sérieux.—On porte le foulard.—

(Regardant la cravate du duc.)

Je vois avec plaisir que Son Altesse a l'art
De nouer son écharpe.

(Lui présentant un autre modèle.)

Un dessin en quinconce!

(Regardant de nouveau la cravate du duc.)

Oui, le nœud est parfait, il est noble, il engonce.
—Et comment Monseigneur trouve-t-il ce gilet
Sur lequel des bouquets s'effeuillèrent?

LE DUC, impassible.

Très laid.

LE TAILLEUR, continuant à faire un étalage sur le tapis.

Ceux-ci laisseront-ils Son Altesse de marbre?
Poil de chèvre, pourtant!   Tissu d'écorce d'arbre!
—Redingote vert nuit.   Les poignets très étroits.
Est-ce hautain?—Gilet à six boutons, dont trois
Restent déboutonnés en haut (grande élégance!)
Est-ce spirituel, cette petite ganse?
—Et ce frac par nos soins artistement râpé,
Bleu, sur un pantalon de fin coutil jaspé:
C'est tout à fait coquet, léger, garde française!
—Laissons cette jaunâtre et lourde polonaise
(Hamlet peut-il porter le pourpoint de Falstaff?)
Et venons aux manteaux, prince.   Grand plaid en staff,
Demi-collet figurant manches par derrière.
Trop excentrique?   Soit.—Cet autre, dit: Roulière,
Sobre, a je ne sais quoi de large et d'espagnol,
Bon pour rendre visite à quelque doña Sol!

(Il le jette sur ses épaules, et marche superbement.)

Travail soigné, chaînette en argent, col en martre;
Fait dans nos ateliers du boulevard Montmartre.
Simple, mais d'une coupe!... et la coupe, c'est tout!

35

MARIE-LOUISE, qui est restée debout près du duc, le voyant plus pâle, et les yeux fixes, comme s'il n'écoutait plus,—au tailleur.

Vous fatiguez le duc avec votre bagout!

LE DUC, se réveillant.

Non, laissez, je rêvais... car je n'ai pas coutume,
Quand mon tailleur viennois vient m'offrir un costume,
D'entendre tous ces mots pittoresques et vifs...
Tout cela... tout ce choix amusant d'adjectifs,
Tout cela, qui pour vous n'est qu'un bagout vulgaire,
Cela me... cela m'a...

(Ses yeux se sont remplis de larmes—et brusquement.)
Non, rien, laissez, ma mère.

MARIE-LOUISE, remontant vers Scarampi et l'essayeuse.

Regardons nos chiffons!... Des manches à gigot?

L'ESSAYEUSE.

Toujours!

LE TAILLEUR, au duc, lui montrant des échantillons collés sur une feuille.

Drap... Casimir... Marengo...

LE DUC.

Marengo?

LE TAILLEUR, froissant l'échantillon entre ses doigts.

C'est un bon cuir de laine et défiant l'usure.

LE DUC.

Je suis de votre avis. Marengo, cela dure.

LE TAILLEUR.

Que nous commandez-vous?

LE DUC.

Je n'ai besoin de rien.

LE TAILLEUR.

On a toujours besoin d'un habit allant bien!

LE DUC.

J'aimerais combiner...

LE TAILLEUR.

A votre fantaisie?
Que toujours ta pensée, ô client, soit saisie!
Dites! nous saisirons; c'est l'art de ce métier!
—Nous habillons Monsieur Théophile Gautier.

PREMIER ACTE

LE DUC, ayant l'air de chercher.

Voyons...

L'ESSAYEUSE, au fond, exhibant d'énormes chapeaux, que Marie-Louise
essaye, devant la psyché.

Paille de riz—recouverte de blonde.
Ce n'est pas le chapeau, dame, de tout le monde!

LE DUC, rêvant.

Pouvez-vous faire?...

LE TAILLEUR, précipitamment.

Tout!...

LE DUC.

...un...

LE TAILLEUR.

Tout ce que voudra

Son Altesse!

LE DUC.

...un habit...

LE TAILLEUR.

Parfaitement!

LE DUC.

...d'un drap

Ah! au fait, de quel drap?...uni, tout simple!...

LE TAILLEUR.

Certe!

LE DUC.

Et la couleur, voyons, que diriez-vous de...verte?

LE TAILLEUR.

L'idée est excellente!

LE DUC, rêveusement.

Un petit habit vert...
Laissant peut-être voir le gilet...

LE TAILLEUR, prenant des notes.

Très ouvert!

LE DUC.

Pour animer la basque, un peu, quand elle bouge,
Si la patte avait un...liséré rouge?

LE TAILLEUR, étonné un instant.

Rouge?

—Ce sera ravissant.

LE DUC.

Eh bien! et le gilet?

Comment est le gilet à votre avis?

LE TAILLEUR, cherchant.

Il est...

LE DUC.

Il est blanc.

LE TAILLEUR.

Son Altesse a du goût!

LE DUC.

Puis je pense

Qu'une culotte courte...

LE TAILLEUR.

Ah?

LE DUC.

Oui.

LE TAILLEUR.

Quelle nuance?

LE DUC.

Je la vois assez blanche, en casimir soyeux.

LE TAILLEUR.

Oh! le blanc, c'est toujours ce qu'il y a de mieux!

LE DUC.

Boutons gravés...

LE TAILLEUR.

Gravés?...ce n'est pas dans les règles!

LE DUC.

Si...quelque chose...un rien, dessus!...des petits aigles.

LE TAILLEUR, comprenant tout d'un coup quel est le petit habit vert que se commande le prince,—tressaille, et d'une voix étouffée.

Des petits?...

LE DUC, changeant de ton, brusquement.

Eh bien! quoi? qu'est-ce qui te fait peur?

Et pourquoi donc ta main tremble-t-elle, tailleur?

Qu'est-ce que cet habit a d'extraordinaire?

Tu ne te vantes plus de pouvoir me le faire?

L'ESSAYEUSE, au fond.

Chapeau cabriolet, garniture pavots!

PREMIER ACTE

LE DUC, se levant.

Remporte donc, tailleur, tes modèles nouveaux,
Et tes échantillons grotesques sur leur feuille,
Car ce petit habit, c'est le seul que je veuille!

LE TAILLEUR, se rapprochant.

Mais je...

LE DUC.

C'est bon! Va-t'en! Ne sois pas indiscret!

LE TAILLEUR.

Mais...

LE DUC, avec un geste mélancolique.

Il ne m'irait pas, d'ailleurs!...

LE TAILLEUR, quittant brusquement son ton de fournisseur.

Il vous irait

LE DUC, se retournant, avec hauteur.

Tu dis?

LE TAILLEUR, tranquillement.

Il vous irait très bien.

LE DUC.

L'audace est grande!

LE TAILLEUR, s'inclinant.

Et j'ai les pleins pouvoirs pour prendre la commande.

LE DUC.

Ah?

(Silence. Ils se regardent dans les yeux.)

LE TAILLEUR.

Oui!

L'ESSAYEUSE, au fond, passant un manteau à Marie-Louise
qui se regarde dans la psyché.

Manteau de gros de la Chine, bouffant;
Revers brodé, manche en oreille d'éléphant.

LE DUC, un peu ironique.

Ah? ah?

LE TAILLEUR.

Oui, Monseigneur.

LE DUC.

Très bien. Monsieur conspire.

Je ne m'étonne plus que vous citiez Shakspeare.

LE TAILLEUR, bas et vite, lui désignant un des vêtements étalés.

La redingote olive a des noms sous son shall
Écoles... Députés... Un pair... Un maréchal.

L'ESSAYEUSE, au fond.

Spencer en jaconas; jupe en caroléide.

LE TAILLEUR.

On peut vous faire fuir...

LE DUC, froidement.

Pour que je me décide.
Il faut qu'auparavant j'aille, voilà le hic,
Consulter mon ami Monsieur de Metternich.

LE TAILLEUR, souriant.

Vous vous méfierez moins quand vous saurez, Altesse,
Que c'est une cousine à vous...

LE DUC.

Hein ?

LE TAILLEUR.

La comtesse

Camerata, la fille...

LE DUC.

Ah! je sais...d'Élisa!

LE TAILLEUR.

Oui, celle qui toujours se singularisa,
Qui toujours, dans la vie, Amazone sans casque,
Portant avec orgueil sa race sur son masque,
Brave un péril, tient un fleuret, dompte un pur sang!..

L'ESSAYEUSE, au fond.

Un petit canezou d'organdi, ravissant!

LE TAILLEUR.

Quand vous saurez que c'est cette Penthésilée...

L'ESSAYEUSE.

Le col n'est qu'épinglé, la manche faufilée!

LE TAILLEUR.

...Qui mène le complot dont je vous parle...

LE DUC, hésitant encore à se livrer.

Dieu!

—La preuve de cela ?

LE TAILLEUR.

Tournez la tête un peu.
Regardez, sans en avoir l'air, la demoiselle
Qui déballe, à genoux, des toilettes...

LE DUC a tourné la tête. Ses yeux rencontrent ceux de l'essayeuse,
qui le regarde à la dérobée.

C'est elle!
—A Vienne, un soir déjà, brusque, sur mon chemin,
Elle sortit d'un grand manteau, baisa ma main,
Et s'enfuit en criant: "J'ai bien le droit, peut-être,
De saluer le fils de l'Empereur mon maître!..."

(Il la regarde encore.)

C'est une Bonaparte...et nous nous ressemblons...
—Oui, mais elle n'a pas, elle, les cheveux blonds!...

MARIE-LOUISE, se dirigeant vers son appartement, à l'essayeuse.

Nous allons essayer par là. Venez, ma fille.

(A son fils, avec enthousiasme.)

—Ah! Franz, c'est à Paris seulement qu'on habille!

LE DUC.

Oui, ma mère.

MARIE-LOUISE, avant de sortir, toute frémissante.

Aimez-vous le goût parisien?

LE DUC, très gravement.

A Paris, en effet, on vous habillait bien.

(Marie-Louise, Scarampi et la demoiselle entrent dans l'appartement de Marie-Louise, emportant les robes à essayer.)

SCÈNE X

LE DUC, LE JEUNE-HOMME; puis, un instant,
LA COMTESSE CAMERATA.

LE DUC, dès que la porte s'est refermée, se tournant vers le jeune
homme, avidement.

Vous, qui donc êtes-vous?

LE JEUNE HOMME, très romantique.

Qu'importe? un anonyme...

Las de vivre en un temps qui n'a rien de sublime,
Et de fumer sa pipe en parlant d'idéal.
Ce que je suis? Je ne sais pas. Voilà mon mal.
Suis-je? Je voudrais être,—et ce n'est pas commode.
Je lis Victor Hugo. Je récite son *Ode*
A la Colonne. Je vous conte tout cela
Parce que tout cela, mon Dieu, c'est toute la
Jeunesse! Je m'ennuie avec extravagance;
Et je suis, Monseigneur, artiste et Jeune France.
De plus, carbonaro, pour vous servir. L'ennui
Ne me laissant jamais deux minutes sans lui,
J'ai porté des gilets plus ou moins écarlates,
Et je me suis distrait avec ça: les cravates.
J'y fus très compétent. Voilà pourquoi d'ailleurs
On me charge aujourd'hui de jouer les tailleurs.
J'ajoute, pour poser en pied mon personnage,
Que je suis libéral et basiléophage.
—Ma vie et mon poignard, Altesse, sont à vous.

LE DUC, un peu surpris.

Monsieur, vous me plaisez, mais vos propos sont fous.

LE JEUNE HOMME, après un sourire,—plus simple.

Ne me jugez pas trop sur ce qu'ils ont d'étrange;
Un besoin d'étonner, malgré moi, me démange;
Mais sincère est le mal dont je me sens ronger,
Et qui me fait chercher cet oubli: le danger!

LE DUC, rêveur.

Un mal?

LE JEUNE HOMME.

Un grand dégoût frémissant...

LE DUC.

L'âme lourde...

LE JEUNE HOMME.

Des élans retombants...

LE DUC.

L'inquiétude sourde...
La mauvaise fierté de ce que nous souffrons...
L'orgueil de promener le plus pâle des fronts...

PREMIER ACTE

LE JEUNE HOMME.

Monseigneur!

LE DUC.

Le dédain de ceux qui peuvent vivre
Satisfaits...

LE JEUNE HOMME.

Monseigneur!

LE DUC.

Le doute...

LE JEUNE HOMME.

Dans quel livre,
Vous si jeune, avez-vous appris le cœur humain?
C'est là ce que je sens!

LE DUC.

Donne-moi donc la main...
Puisque comme un jeune arbre, ami, que l'on transplante,
Emporte sa forêt dans sa sève ignorante,
Et quand souffrent au loin ses frères, souffre aussi,
Sans rien savoir de vous, moi, j'ai tout seul, ici,
Senti monter du fond de mon sang le malaise
Dont souffre en ce moment la jeunesse française!

LE JEUNE HOMME.

Je crois que notre mal est le vôtre plutôt;
Car d'où tombe sur vous ce trop pesant manteau?
—Enfant à qui d'avance on confisqua la gloire,
Prince pâle, si pâle en la cravate noire,
De quoi donc êtes-vous pâle?

LE DUC.

D'être son fils!

LE JEUNE HOMME.

Eh bien! faibles, fièvreux, tourmentés par jadis,
Murmurant comme vous: Que reste-t-il à faire?...
Nous sommes tous un peu les fils de votre père.

LE DUC, lui mettant la main sur l'épaule.

Vous êtes ceux de ses soldats: c'est aussi beau!
Et ce n'est pas un moins redoutable fardeau...
Mais cela m'enhardit. Je peux parfois me dire:
Ils ne sont que les fils des héros de l'Empire,
Ils se contenteront du fils de l'Empereur.

48

(A ce moment, la porte de l'appartement de Marie-Louise s'ouvre, et la comtesse Camerata entre, feignant de chercher quelque chose.)

LA COMTESSE, à voix très haute.

Pardon!   L'écharpe?...

(Bas.)

Chut!   Je vends avec fureur!

LE DUC, à mi-voix, rapidement.

Merci!

LA COMTESSE, de même.

Mais j'aimerais mieux vendre des épées!
C'est vexant de parler la langue des poupées!

LE DUC.

Belliqueuse, je sais!

LA VOIX DE MARIE-LOUISE, dehors.

Cette écharpe?

LA COMTESSE, haussant la voix.

Je la

Cherche!

LE DUC, lui prenant la main, bas.

Il paraît que dans cette fine main-là,
La cravache...

LA COMTESSE, de même, riant.

J'adore un cheval qui se cabre!

LE DUC.

Vous faites du fleuret, paraît-il?

LA COMTESSE.

Et du sabre!

LE DUC.

Prête à tout?

LA COMTESSE, criant, vers la porte restée entr'ouverte.

Mais vraiment je la cherche partout!

(Bas, au duc.)

Prête pour Ton Altesse Impériale, à tout!

LE DUC.

Cousine, vous avez le cœur d'une lionne!

44

PREMIER ACTE

LA COMTESSE.

Et je porte un beau nom

LE DUC.

Lequel ?

LA COMTESSE.

Napoléone !

LA VOIX DE SCARAMPI, dehors.

Vous ne la trouvez pas ?

LA COMTESSE, haut.

Non !

LA VOIX DE MARIE-LOUISE, impatientée.

Sur le clavecin !

LA COMTESSE, vite, bas, s'éloignant du duc.

Je me sauve !   Causez de notre grand dessein !

(Poussant un cri comme si elle trouvait l'écharpe, qu'elle tire de son corsage
où elle l'avait cachée.)

Ah ! enfin !

LA VOIX DE SCARAMPI.

Vous l'avez ?

LA COMTESSE.

Elle était sur la harpe !

(Elle entre dans la chambre, en disant :)

Alors, vous comprenez, on fronce cette écharpe...

. .   (La porte se ferme.)

LE JEUNE HOMME, ardemment, au duc.

Eh bien ! acceptez-vous ?

LE DUC, calme.

Ce que je comprends mal,

C'est ce bonapartisme aigu d'un libéral.

LE JEUNE HOMME, souriant.

C'est vrai, républicain...

LE DUC.

Vous m'arrivez, en somme,

Par un détour !

LE JEUNE HOMME.

Tout chemin mène au Roi de Rome !

Mon rouge, que j'ai cru solidement vermeil,
A déteint...

45

LE DUC, ironique.

Ce fut un déjeuner de soleil.

LE JEUNE HOMME.

D'Austerlitz!—Oui, l'histoire à la tête nous monte.
Les batailles qu'on ne fait plus, on les raconte;
Et le sang disparaît, la gloire seule luit!
Si bien qu'avec un I majuscule, Il, c'est Lui!
C'est maintenant qu'il fait ses plus belles conquêtes:
Il n'a plus de soldats, mais il a les poètes!

LE DUC.

Bref?

LE JEUNE HOMME.

   Bref,—les temps bourgeois,—ce dieu qu'on exila,—
Vous,—votre sort touchant,—notre ennui,—tout cela...
Je me suis dit...

LE DUC.

   Vous vous êtes dit, en artiste,
Que ce serait joli d'être bonapartiste.

LE JEUNE HOMME, démonté.

Hein?—Mais...vous acceptez?

LE DUC.

   Non.

LE JEUNE HOMME.

   Quoi?

LE DUC.

   J'écoutais bien,
Et vous étiez charmant quand vous parliez, mais rien
Ne fut dans votre voix la France toute pure:
Il y avait la mode et la littérature!

LE JEUNE HOMME, se désolant.

J'ai maladroitement rempli ma mission!
Si la comtesse, là, pouvait vous parler...

LE DUC.

   Non!
J'aime dans son regard cette audace qui brille,
Mais ce n'est pas la France, elle,—c'est ma famille!

—Quand vous me revoudrez...plus tard...une autre fois...
Que votre appel soit fait par une de ces voix
Où l'âme populaire, avec rudesse, tremble!
Mais, jeune byronien,—âme qui me ressemble!—
Rien ne m'eût décidé ce soir; sois sans regret:
Car, pour être empereur, je ne me sens pas prêt!

SCÈNE XI

LES MÊMES, LA COMTESSE, puis DIETRICHSTEIN.

LA COMTESSE, qui sort de chez Marie-Louise et entend
ces derniers mots, saisie.

Vous, pas prêt?

(Elle se retourne et vivement, parlant par la porte
entre-bâillée à Marie-Louise et à Scarampi invisibles.)

C'est compris!...non! restez!...Je me sauve...
Pour le bal de ce soir, la blanche, pas la mauve!...

(Fermant la porte et descendant vers le duc.)

Pas prêt!   Que vous faut-il?

LE DUC.

Un an de rêve obscur,

De travail.

LA COMTESSE, farouche.

Viens régner!

LE DUC.

Non! mon front n'est pas mûr!

LA COMTESSE.

La couronne suffit pour mûrir une tempe!

LE DUC, montrant sa table de travail.

Oui, la couronne d'or qui tombe d'une lampe!

LE JEUNE HOMME.

C'est que l'occasion...

LE DUC, se retournant, avec hauteur.

Plaît-il? l'occasion?

Serait-ce le tailleur qui reparaît?

LA COMTESSE.

Mais.

L'AIGLON

LE DUC, *fermement.*

Non!

J'aurai la conscience à défaut de génie:
Je vous demande encor trois cents nuits d'insomnie!

LE JEUNE HOMME, *désespéré.*

Mais il va confirmer tous les bruits, ce refus!

LA COMTESSE.

On prétend que jamais avec nous tu ne fus!

LE JEUNE HOMME.

Vous êtes Jeune France, on vous croit Vieille Autriche.

LA COMTESSE.

On dit qu'on affaiblit ton esprit!

LE JEUNE HOMME.

Qu'on vous triche

Sur ce qu'on vous apprend!

LA COMTESSE.

Et que tu ne sais pas

L'histoire de ton père!...

LE DUC, *sursautant.*

On dit cela, là-bas?

LE JEUNE HOMME.

Que leur répondrons-nous?

LE DUC, *violemment.*

Répondez-leur...

(A ce moment une porte s'ouvre. Dietrichstein paraît. Le duc,
se retournant vers lui, très naturellement.)

Cher comte?

DIETRICHSTEIN.

C'est d'Obenaus.

LE DUC.

Pour mon cours d'histoire?—Qu'il monte!

(Dietrichstein sort. Le duc montrant au jeune homme et à la comtesse
les vêtements épars.)

Mettez le plus de temps possible à tout plier,
Et tâchez dans ce coin de vous faire oublier!

(Voyant Dietrichstein rentrer avec d'Obenaus,—à d'Obenaus.)

Bonjour, mon cher baron.

(Négligemment à la comtesse et au jeune
homme en leur montrant un paravent.)

Achevez, là derrière,

48

Vos paquets !...

(A d'Obenaus.)

Mon tailleur...

D'OBENAUS.

Ah !

LE DUC.

Et la couturière

De la duchesse...

D'OBENAUS.

Ah ! ah !

LE DUC.

Vous gênent-ils ?

D'OBENAUS, qui s'est assis derrière la table avec Dietrichstein.

Non, non !

SCÈNE XII

LE DUC, DIETRICHSTEIN, D'OBENAUS, et,
derrière le paravent, LA COMTESSE et le JEUNE
HOMME, qui, tout en refaisant silencieusement leurs
paquets, écoutent.

LE DUC, s'asseyant en face des professeurs.

Messieurs, je suis à vous.   Je taille mon crayon
Pour noter quelque date ou bien quelque pensée.

D'OBENAUS.

Reprenons la leçon où nous l'avons laissée.
—Nous étions en mil huit cent cinq.

LE DUC, taillant son crayon.

Parfaitement.

D'OBENAUS.

Donc, en mil huit cent six...

LE DUC.

Aucun événement

N'avait marqué l'année, alors ?

D'OBENAUS.

Hein ? quelle année ?

LE DUC, soufflant la poudre de mine de plomb tombée sur son papier.

Mil huit cent cinq.

D'OBENAUS.

Pardon... J'ai cru... La Destinée
Fut cruelle au bon droit.   Sur ces heures de denil,
Nous ne jetterons donc qu'un rapide coup d'œil.

(Se lançant vite dans une grande phrase.)

—Quand le penseur s'élève aux sommets de l'Histoire...

LE DUC.

Donc en mil huit cent cinq, Monsieur, rien de notoire ?

D'OBENAUS.

Un grand fait, Monseigneur, que j'allais oublier :
La restauration du vieux calendrier.
—Un peu plus tard, ayant provoqué l'Angleterre,
L'Espagne...

LE DUC, doucement.

Et l'Empereur, Monsieur ?

D'OBENAUS.

Lequel ?

LE DUC.

Mon père.

D'OBENAUS, évasif.

Il...

LE DUC.

Il n'avait donc pas quitté Boulogne ?

D'OBENAUS.

Oh ! si !

LE DUC.

Où donc était-il ?

D'OBENAUS.

Mais...justement...par ici.

LE DUC, l'air étonné.

Tiens !

DIETRICHSTEIN, vivement.

Il s'intéressait beaucoup à la Bavière...

D'OBENAUS, voulant continuer.

Au traité de Presbourg, le vœu de votre père
Fut en cela conforme à celui des Habsbourg...

LE DUC.

Qu'est-ce que c'est que ça, le traité de Presbourg ?

D'OBENAUS, doctoralement vague.

C'est l'accord, Monseigneur, par lequel se termine
Toute une période...

LE DUC.

Ah !

(Regardant son crayon.)

J'ai cassé ma mine !

D'OBENAUS.

En l'an mil huit cent sept...

LE DUC.

Déjà ?

(Il a retaillé tranquillement
son crayon.)

Là, ça va bien.

—Quelle drôle d'époque, il ne se passe rien.

D'OBENAUS.

Si, Monseigneur ! Prenons la maison de Bragance :
Le roi...

LE DUC, de plus en plus doux.

Mais l'Empereur, Monsieur ?

D'OBENAUS.

Lequel ?

LE DUC.

De France.

D'OBENAUS.

Rien de très important jusqu'en mil huit cent huit ;
Signalons en passant le traité de Tilsitt...

LE DUC, ingénument.

Mais on ne faisait donc que des traités ?

D'OBENAUS, voulant continuer.

L'Europe...

LE DUC.

Ah ! oui, vous résumez !

D'OBENAUS.

Oh ! je ne développe

Que lorsque...

LE DUC.

Il y eut donc autre chose ?

D'OBENAUS.

Mais...

LE DUC.

Quoi ?

O'OBENAUS.

Je...

LE DUC.

Quoi ? Qu'arriva-t-il d'autre ? dites-le-moi !

D'OBENAUS, balbutiant.

Mais je... je ne sais pas... Votre Altesse veut rire...

LE DUC.

Vous ne le savez pas ? Moi je vais vous le dire.

(Il se lève.)

Le six octobre mil huit cent cinq...

DIETRICHSTEIN ET D'OBENAUS, se levant.

Hein ?—Comment ?

LE DUC.

...Quand nul ne s'attendait à le voir, au moment
Où regardant planer un aigle prêt à fondre,
Vienne se rassurait en disant : "C'est sur Londre !..."
Ayant quitté Strasbourg, franchi le Rhin à Kehl,
L'Empereur...

D'OBENAUS.

L'Empereur ?...

LE DUC.

Et vous savez lequel !

Gagne le Wurtemberg, le grand-duché de Bade...

DIETRICHSTEIN, épouvanté.

Ah ! mon Dieu !

LE DUC.

Fait donner à l'Autriche une aubade
De clairons par Murat, et par Soult, de tambour ;
Laisse ses maréchaux à Wertingen, Augsbourg,
Remporter deux ou trois victoires,—les hors-d'œuvre !...

D'OBENAUS.

Mais, Monseigneur...

PREMIER ACTE

LE DUC.

...Poursuit l'admirable manœuvre,
Arrive devant Ulm sans s'être débotté,
Ordonne qu'Elchingen par Ney soit emporté,
Rédige un bulletin joyeux, terrible et sobre,
Fait préparer l'assaut...et, le dix-sept octobre,
On voit se désarmer aux pieds de ce héros
Vingt-sept mille Autrichiens et dix-huit généraux !
—Et l'Empereur repart !

DIETRICHSTEIN.

Monseigneur !

LE DUC, d'une voix de plus en plus forte.

En novembre,
Il est à Vienne, il couche à Schœnbrünn, dans ma chambre !

D'OBENAUS.

Mais...

LE DUC.

Il suit l'ennemi ; sent qu'il l'a dans la main ;
Un soir il dit au camp : "Demain !" Le lendemain,
Il dit en galopant sur le front de bandière :
"Soldats, il faut finir par un coup de tonnerre !"
Il va, tachant de gris l'état-major vermeil ;
L'armée est une mer ; il attend le soleil ;
Il le voit se lever du haut d'un promontoire ;
Et, d'un sourire, il met ce soleil dans l'Histoire !

D'OBENAUS, regardant Dietrichstein avec désespoir.

Dietrichstein !

LE DUC.

Et voilà !

DIETRICHSTEIN, consterné.

D'Obenaus !

LE DUC, allant et venant, avec une fièvre croissante.

La terreür!
La mort ! Deux empereurs battus par l'Empereur!
Vingt mille prisonniers!

D'OBENAUS, le suivant.

Mais je vous en supplie !...

L'AIGLON

DIETRICHSTEIN, de même.

Songez que si quelqu'un !...

LE DUC.

La campagne finie!
Des cadavres flottant sur les glaçons d'un lac!
Mon grand-père venant voir mon père au bivouac!...

DIETRICHSTEIN.

Monseigneur!

LE DUC, scandant implacablement.

Au bi-vouac!

D'OBENAUS.

Voulez-vous bien vous taire!

LE DUC.

Et mon père accordant la paix à mon grand-père!

DIETRICHSTEIN.

Si quelqu'un entendait...

LE DUC.

Et puis les drapeaux pris
Distribués !—Huit à la ville de Paris!

(La comtesse et le jeune homme sont peu à peu sortis de derrière la paravent,
pâles et frémissants. Leurs paquets refaits, ils essayent, sur la pointe du pied, de
gagner la porte, tout en écoutant le duc. Mais, dans leur émotion, les boîtes et les
cartons, leur échappant des mains, s'écroulent avec fracas.)

D'OBENAUS, se retournant et les apercevant.

Oh !

LE DUC, continuant.

Cinquante au Sénat!

D'OBENAUS.

Cet homme et cette femme !...

DIETRICHSTEIN, se précipitant vers eux.

Voulez-vous vous sauver!

LE DUC, d'une voix éclatante.

Cinquante à Notre-Dame!

D'OBENAUS.

Ah! mon Dieu!

LE DUC, hors de lui, avec un geste qui distribue des milliers d'étendards.

Des drapeaux !

54

PREMIER ACTE

DIETRICHSTEIN, bousculant la comtesse et le jeune homme,
qui ramassent leurs paquets.

Vos robes, vos chapeaux !

(Il les pousse dehors.)

Plus vite ! Allez-vous-en !

LE DUC, tombant épuisé sur un fauteuil.

Des drapeaux ! des drapeaux !

(La comtesse et le jeune homme sont sortis.)

DIETRICHSTEIN.

Ils étaient encor là !

LE DUC, dans une quinte de toux.

Des drapeaux !

DIETRICHSTEIN.

Quelle affaire !

Monseigneur...

LE DUC.

Je me tais.

DIETRICHSTEIN.

C'est bien tard pour se taire...

Que dira Metternich ?... Ces gens dans ce salon !...

LE DUC, essuyant son front en sueur.

D'ailleurs pour aujourd'hui, je n'en sais pas plus long.

(Il tousse encore.)

Monsieur le professeur...

DIETRICHSTEIN, lui versant un verre d'eau.

Vous toussez ?... Vite, à boire !

LE DUC, après avoir bu une gorgée.

N'est-ce pas que j'ai fait des progrès en histoire ?

DIETRICHSTEIN.

Nul livre n'est entré, pourtant, je le sais bien !

D'OBENAUS.

Quand Metternich saura...

LE DUC, froidement.

Vous ne lui direz rien.

Il s'en prendrait à vous, d'ailleurs.

DIETRICHSTEIN, bas à d'Obenaus.

Mieux vaut nous taire,

55

Et faire, auprès du prince, intervenir sa mère.

(Il frappe à la porte de Marie-Louise.)

La duchesse ?

SCARAMPI, paraissant.

Elle est prête, entrez.

(Dietrichstein entre chez Marie-Louise. La nuit commence à venir. Un domestique vient poser une lampe sur la table du duc.)

LE DUC, à d'Obenaus.

Il est fini,

J'espère, votre cours *ad usum delphini ?*...

D'OBENAUS, les bras au ciel.

Comment avez-vous su ?... Je ne peux pas comprendre !

SCÈNE XIII

LE DUC, MARIE-LOUISE.

MARIE-LOUISE, entrant, très agitée, dans une superbe toilette de bal, le manteau sur les épaules.—D'Obenaus et Dietrichstein s'éclipsent.

Ah ! mon Dieu ! Qu'est-ce encor ? Que vient-on de
m'apprendre ?
Vous allez m'expliquer...

LE DUC, lui montrant, par la fenêtre ouverte, le crépuscule.

Ma mère, regardez !

L'heure est belle de calme et d'oiseaux attardés.
Oh ! comme avec douceur le soir perd sa dorure !
Les arbres...

MARIE-LOUISE, s'arrêtant étonné.

Comment, toi, tu comprends la nature ?

LE DUC.

Peut-être.

MARIE-LOUISE, voulant revenir à sa sévérité.

Vous allez m'expliquer !...

LE DUC.

Respirez,

Ma mère, ce parfum ! Tous les bois sont entrés,
Avec lui, dans la chambre...

PREMIER ACTE

MARIE-LOUISE, se fâchant.

Expliquez-moi, vous dis-je !...

LE DUC, continuant, avec douceur.

Chaque bouffée apporte une branche, et prodige
Bien plus beau que celui dont Macbeth s'effarait,
Ce n'est plus seulement, ma mère, la forêt
Qui marche, la forêt qui marche comme folle :
Ce parfum dans le soir, c'est la forêt qui vole.

MARIE-LOUISE, le regardant avec stupeur.

Comment, toi, maintenant, poétique ?

LE DUC.

Il paraît.

(On entend la musique lointaine d'un bal.)

Écoutez !... une valse !... et banale, on dirait !
Mais elle s'ennoblit en voyageant...   Peut-être
Qu'en traversant ces bois que fréquenta le Maître,
Autour d'une fougère ou près d'un cyclamen,
Elle aura rencontré l'âme de Beethoven !

MARIE-LOUISE, qui n'en croit pas ses oreilles.

Quoi ! la musique aussi ?

LE DUC.

Quand je veux.—Mais, ma mere,
Je ne veux pas.   Je hais les sons et leur mystère ;
Et devant un beau soir je sens avec effroi
Quelque chose de blond qui s'attendrit en moi.

MARIE-LOUISE.

Ce quelque chose en toi, mon enfant, c'est moi-même !

LE DUC.

Je ne l'aurais pas dit.

MARIE-LOUISE.

Tu le hais ?

LE DUC.

Je vous aime.

MARIE-LOUISE, avec humeur.

Alors... songe un peu plus au tort que tu me fais !
—Mon père et Metternich pour nous furent parfaits !
Ainsi quand le décret devait te faire comte,
J'ai dit : "Non ! Comté, non ! Au moins duc ! Duc,
    ça compte !"

57

L'AIGLON

—Tu es duc de Reichstadt.

LE DUC, récitant.

Seigneur de Gross-Bohen,
Buchtierad, Tirnovan, Schwaben, Kron-Pornitz... chen.

(Il affecte de prononcer difficilement comme un Français.)

Si je prononce mal, pardon !

MARIE-LOUISE, avec humeur.

Encore était-ce
Malaisé de régler le rang de Votre Altesse,
D'être, dans un décret, courtois, prudent, exact ;
Rappelez-vous combien ces gens ont eu de tact !
Tout s'est passé de la façon la plus légère ;
On n'a pas prononcé le nom de votre père.

LE DUC.

Pourquoi n'a-t-on pas mis : né de père inconnu ?

MARIE-LOUISE.

Tu peux être le prince—avec ton revenu—
Le plus aimable de l'Autriche—et le plus riche !

LE DUC.

Le plus riche...

MARIE-LOUISE.

Et le plus aimable...

LE DUC.

De l'Autriche !

MARIE-LOUISE.

Goûtez votre bonheur !

LE DUC.

J'en exprime les sucs !

MARIE-LOUISE.

Vous êtes le premier après les archiducs !
Et vous épouserez un jour quelque princesse
Ou quelque archiduchesse ou bien quelque...

LE DUC, d'une voix tout à coup profonde.

Sans cesse
Je revois, tel qu'enfant je l'entrevis un jour,
Son petit trône au dossier rond comme un tambour,
Et d'un or qu'a rendu plus divin Sainte-Hélène,
Au milieu du dossier, petite et simple, l'N,

58

—La lettre qui dit : " Non ! " au temps !

MARIE-LOUISE, interdite.

Mais...

LE DUC, farouchement.

Je revois

L'N dont il marquait à l'épaule les rois !

MARIE-LOUISE, se redressant.

Les rois dont vous avez du sang par votre mère !

LE DUC.

Je n'en ai pas besoin de leur sang !   Pourquoi faire ?

MARIE-LOUISE.

Ce fameux héritage ?...

LE DUC.

Il me semble mesquin !

MARIE-LOUISE, indignée.

Quoi ! vous n'êtes pas fier du sang de Charles-Quint ?

LE DUC.

Non ! car d'autres que moi le portent dans leurs veines ;
Mais lorsque je me dis que j'ai là, dans les miennes,
Celui d'un lieutenant qui de Corse venait...
Je pleure en regardant le bleu de mon poignet !

MARIE-LOUISE.

Franz !

LE DUC, s'exaltant de plus en plus.

A ce jeune sang, le vieux ne peut que nuire.
Si j'ai du sang des rois, il faut qu'on me le tire !

MARIE-LOUISE.

Taisez-vous !

LE DUC.

Et d'ailleurs, que dis-je ?... Si j'en eus,
Je suis sûr que depuis longtemps je n'en ai plus !
Les deux sangs ont en moi dû se battre, et le vôtre
Aura, comme toujours, été chassé par l'autre !

MARIE-LOUISE, hors d'elle.

Tais-toi, duc de Reichstadt !

LE DUC, ricanant.

Oui, Metternich, ce fat,
Croit avoir sur ma vie écrit : " Duc de Reichstadt ! "

Mais haussez au soleil la page diaphane:
Le mot " Napoléon " est dans le filigrane !

MARIE-LOUISE, reculant épouvantée.

Mon fils !

LE DUC, marchant sur elle.

Duc de Reichstadt, avez-vous dit ? Non, non !
Et savez-vous quel est mon véritable nom ?
C'est celui qu'au Prater la foule qui s'écarte
Murmure autour de moi : "Le petit Bonaparte !"

(Il l'a saisie par les poignets, et il la secoue.)

Je suis son fils ! rien que son fils !

MARIE-LOUISE.

Tu me fais mal !

LE DUC, lui lâchant les poignets, et la serrant dans ses bras.

Ah ! ma mère ! pardon, ma mère...

(Avec la plus tendre et la
plus douloureuse pitié.)

Allez au bal !

(On entend l'orchestre, au loin, jouer légèrement.)

Oubliez ce que j'ai dit là ! C'est du délire !
Vous n'avez pas besoin même de le redire,
Ma mère, à Metternich...

MARIE-LOUISE, déjà un peu rassurée.

Non, je n'ai pas besoin ?...

LE DUC.

La valse avec douceur vient de reprendre au loin...
Non ! ne lui dites rien. Et cela vous évite
Des ennuis. Oubliez ! Vous oubliez si vite !

MARIE-LOUISE.

Mais je...

LE DUC, lui parlant comme à une enfant, et la poussant insensiblement vers la
porte.

Pensez à Parme ! au palais de Salla !
A votre vie heureuse ! Est-ce que ce front-là
Est fait pour qu'il y passe une ombre d'aile noire ?
—Ah ! je vous aime plus que vous n'osez le croire !—
Et ne vous occupez de rien ! pas même—ô dieux !—

D'être fidèle ! Allez, je le serai pour deux !
Souffrez que vers ce bal, tendrement, je vous pousse.
Bonsoir. Ne mouillez pas vos souliers dans la mousse.

(Il la baise au front.)

Voici, par des baisers, les soucis enlevés,
—Et vous êtes coiffée à ravir.

MARIE-LOUISE, vivement.

Vous trouvez ?

LE DUC.

La voiture est en bas. Il fait beau. L'ombre est claire.
Bonsoir, maman. Amusez-vous !

(Marie-Louise sort. Il descend en chancelant et tombant assis devant sa table,
la tête dans ses mains.)

Ma pauvre mère !

(Changeant de ton et attirant à lui des livres et des papiers, sous la lampe.)

Travaillons !

(On entend le roulement d'une voiture qui s'éloigne. La porte du fond se rouvre
mystérieusement et l'on aperçoit Gentz introduisant une femme emmitouflée.)

SCÈNE XIV

LE DUC, puis FANNY ELSSLER et GENTZ
un instant.

GENTZ, à mi-voix, après avoir écouté.

La voiture est loin.

(Il appelle le duc.)

Prince !

LE DUC, se retournant et apercevant la femme.

Fanny !

FANNY ELSSLER, rejetant le manteau qu'elle a jeté hâtivement sur son costume
de théâtre, apparaît, splendide et rose, en danseuse, et dressée sur les pointes,
ouvrant les bras.

Franz !

GENTZ, à part, en se retirant.

Tout rêve d'Empire est pour l'instant banni !

FANNY, dans les bras du duc.

Franz !

GENTZ, sortant.

C'est parfait !

FANNY, amoureusement.

Mon Franz !

(La porte s'est refermée sur Gentz. Fanny s'éloigne vivement du duc et respectueusement, après une révérence.)

Monseigneur !

LE DUC, s'assurant du départ de Gentz.

Parti !

(A Fanny.

Vite !

FANNY, d'un bond léger de danseuse, tombant, après une pirouette, assise sur la
table de travail du prince.

J'en ai beaucoup appris pour aujourd'hui.

LE DUC, s'asseyant devant la table, et avec impatience.

La suite !

FANNY, pose sa main sur les cheveux du duc, et lentement, fronçant ses jolis
sourcils pour se rappeler des choses difficiles, elle commence, du ton de
quelqu'un qui continue un récit.

...Alors, pendant que Ney, toute la nuit, marchait,
Les généraux Gazan...

LE DUC, répétant passionnément, pour se graver ces noms dans l'âme.

Gazan !

FANNY.

Suchet...

LE DUC.

Suchet !

FANNY.

...Faisaient remplir, par leurs canons, chaque intervalle,
Et dès le petit jour, la garde impériale...

Le rideau tombe.

ACTE II

LES AILES QUI BATTENT

ACTE II

LES AILES QUI BATTENT

Un an après, au palais de Schœnbrunn.

Le *Salon des Laques*.

Tous les murs sont couverts de vieilles laques anciennes dont les luisants panneaux noirs illustrés de petits paysages, de kiosques, d'oiseaux et de menus personnages d'or, s'encadrent de bois sculptés et dorés, d'un lourd et somptueux rococo allemand. La corniche du plafond est faite de petits morceaux de laque. Les portes sont en laque,—et les trumeaux se composent d'un morceau de laque, plus précieux.

Au fond, entre deux panneaux de laque, une haute fenêtre à profonde embrasure de laque. Ouverte, elle laisse voir son balcon qui découpe, sur la clarté du parc, l'aigle noir à deux têtes, en fer forgé.

On voit largement le parc de Schœnbrunn:

Entre les deux murailles de feuillage taillé où s'enchâssent des statues, s'étalent les dessins fleuris du jardin à la française; et loin, tout au bout des parterres, plus loin que le groupe de marbre de la pièce d'eau, au sommet d'une éminence gazonnée, silhouettant sur le bleu ses arcades blanches, *la Gloriette* monte dans le ciel.

Deux portes à droite; deux portes à gauche.

Entre les portes, deux lourdes consoles se faisant vis-à-vis. Et, au-dessus des consoles, dans des boiseries dorées que surmonte la couronne impériale, deux orgueilleux portraits d'ancêtres autrichiens.

Cette pièce sert de salon à l'appartement qu'habite le duc de Reich-stadt dans une aile du château. Les deux portes de gauche ouvrent sur sa chambre, qui est celle-là même où Napoléon I⁴ coucha lorsque—deux fois—il habita Schœnbrunn. Les deux portes de droite ouvrent sur l'enfilade des salons que l'on traverse lorsqu'on vient du dehors.

Le prince s'est installé là pour travailler: grande table couverte de livres, de papiers et de plans; une immense carte de l'Europe à moitié déroulée. Autour de la table, plusieurs fauteuils empruntés à la *Gobelin zimmer* voisine, médiocres bois dorés recouverts d'admirables tapisseries.

Au premier plan, à gauche, un peu en biais, une psyché dont on ne voit que le dos de laque noire.

Sur la console de gauche, pieusement rangés: un bonnet de grenadier français, des épaulettes rouges, un sabre, une giberne, etc., et, appuyé au mur, contre la console, un vieux fusil à bandoulière blanche, la baïonnette au canon. Sur l'autre console, rien.

Dans un coin, sur un meuble, une énorme boîte. Un peu partout, des livres, des armes de luxe, des cravaches, des fouets de chasse, etc.

Au lever du rideau, une dizaine de domestiques sont rangés sur une seule ligne devant le comte de Sedlinsky. Il les interroge. Un huissier est debout près de lui.

SCÈNE I

SEDLINSKY, LES LAQUAIS, L'HUISSIER.

SEDLINSKY, assis dans un fauteuil.

C'est tout ?

PREMIER LAQUAIS.

C'est tout.

SEDLINSKY.

Rien d'anormal ?

DEUXIÈME LAQUAIS.

Rien d'anormal.

TROISIÈME LAQUAIS.

Il mange à peine.

QUATRIÈME LAQUAIS.

Il lit beaucoup.

CINQUIÈME LAQUAIS.

Il dort très mal.

SEDLINSKY, à l'huissier.

Es-tu sûr des valets de chambre de service ?

L'HUISSIER.

Oh ! ces messieurs, Monsieur le préfet de police,
Sont tous des policiers de carrière.

SEDLINSKY.

Merci.

(Il se lève pour sortir.)

Mais j'ai peur que le duc ne me surprenne ici...

PREMIER LAQUAIS.

Non. Le duc est sorti.

DEUXIÈME LAQUAIS.

Comme à son ordinaire.

TROISIÈME LAQUAIS.

En uniforme.

QUATRIÈME LAQUAIS.

Avec sa maison militaire.

L'HUISSIER.

On doit manœuvrer.

SEDLINSKY.

Donc... du flair, du tact.—Enfin,
Surveillez-le sans qu'il s'en doute.

L'HUISSIER, souriant.

Je suis fin.

SEDLINSKY.

Pas de zèle.   Quand on fait du zèle, je tremble.
—Surtout, n'écoutez pas aux portes tous ensemble.

L'HUISSIER.

C'est un soin dont je n'ai chargé qu'un seul agent.

SEDLINSKY.

Lequel ?

L'HUISSIER.

Le Piémontais.

SEDLINSKY.

Oui, très intelligent.

L'HUISSIER.

C'est lui que chaque soir je mets dans cette pièce,
Sitôt que dans sa chambre a passé Son Altesse.

(Il désigne, à gauche, la porte de la chambre du duc.)

SEDLINSKY.

Il est là ?

L'HUISSIER.

Non.   La nuit ne pouvant fermer l'œil,
Le jour, quand le duc sort, il dort dans un fauteuil.
Il sera là sitôt le duc rentré.

SEDLINSKY.

Qu'il veille !

L'HUISSIER.

C'est compris.

SEDLINSKY, jetant un regard sur la table.

Les papiers ?

L'HUISSIER, souriant.

Explorés.

SEDLINSKY, se penchant pour regarder sous la table.

La corbeille ?

(Il s'agenouille vivement en voyant des petits bouts de papier sur le
tapis, autour de la corbeille.)

Des morceaux ?...

(Il cherche à les reunir.)

C'est peut-être une lettre... De qui ?

(Entraîné par la curiosité professionnelle il est tout à fait sous la table, ramassant, cherchant à lire. A ce moment une porte, à droite, s'ouvre et le duc entre, suivi de sa maison militaire : général Hartmann, capitaine Foresti, etc. Les laquais se rangent précipitamment. Le duc est en uniforme : l'habit blanc boutonné à collet vert, les pattes d'ours d'argent sur les manches, un grand manteau blanc sur les épaules. Bicorne noir au retroussis duquel est piquée une verte feuille de chêne. Sur la poitrine, les deux plaques de Marie-Thérèse et de Saint Étienne. Se mêlant au ceinturon du sabre, la ceinture de soie, jaune et noire, à gros glands. Bottes.)

SCÈNE II

LE DUC, SEDLINSKY, L'ARCHIDUCHESSE, LE DOCTEUR, FORESTI, DIETRICHSTEIN.

LE DUC, très naturellement, en jetant un coup d'œil sur les deux jambes qui, seules, sortent de sous la table.

Tiens ! comment allez-vous, monsieur de Sedlinsky ?

SEDLINSKY, apparaissant stupéfait, à quatre pattes.

Altesse !...

LE DUC.

Un accident. Excusez-moi. Je rentre.

SEDLINSKY, debout.

Vous m'avez reconnu, mais j'étais...

LE DUC.

A plat ventre.

Je vous ai reconnu tout de suite.

(Il voit l'archiduchesse qui entre vivement. Elle est en costume de jardin : grand chapeau de paille ; sous le bras un album somptueusement relié qu'elle pose sur la table avec son ombrelle. Elle a l'air inquiet.—Le duc, en la voyant entrer, énervé.)

Allons, bien !

On vous a dérangée...

L'ARCHIDUCHESSE.

On m'a dit...

LE DUC.

Ce n'est rien !

DEUXIEME ACTE

L'ARCHIDUCHESSE, lui prenant la main.

Cependant...

LE DUC, voyant Dietrichstein qui entre aussi, rapidement, l'air préoccupé, amenant le docteur Malfatti.

Le docteur !... je ne suis pas malade !

(A l'archiduchesse.)

Rien.   Un étouffement.   J'ai quitté la parade :
J'ai trop crié, voilà !

(Au docteur, qui, pendant qu'il parle, lui tâte le pouls.)

Docteur, vous m'ennuyez !

(A Sedlinsky qui profite de l'émotion générale pour gagner la porte.)

C'est très gentil à vous, de ranger mes papiers.
Vous me gâtez.   Déjà vous m'aviez, par tendresse,
Donné tous vos amis pour laquais.

SEDLINSKY, interdit.

Votre Altesse

Se figure ?...

LE DUC, nonchalamment.

Et vraiment j'en serais très heureux,
Si le service était un peu mieux fait par eux.
Mais on m'habille mal, ma cravate remonte.
Enfin, je vous ferai remarquer, mon cher comte,
—Puisque c'est vous ici que regardent ces soins,—
Que depuis quelques jours, mes bottes brillent moins.

(Il s'est assis, se dégantant, après avoir donné son sabre et son chapeau à son ordonnance, qui les emporte.—Un laquais a posé un plateau de rafraîchissements sur la table.)

L'ARCHIDUCHESSE, voulant servir le duc.

Franz...

LE DUC, à Sedlinsky qui de nouveau gagnait la porte.

Vous ne prenez rien ?

SEDLINSKY.

J'ai pris...

LE DOCTEUR.

Une couleuvre.

LE DUC, à un des officiers de sa maison.

Aux ordres, Foresti !

LE CAPITAINE FORESTI, s'avançant et saluant.

Mon colonel ?

LE DUC.

Manœuvre

Après-demain.—Qu'on soit aux premiers feux du ciel
A Grosshofen.—Compris ?—Va.

FORESTI.

Bien, mon colonel.

LE DUC, aux autres officiers.

Vous pouvez me laisser, Messieurs. Je vous salue.

(La maison militaire se retire. Sedlinsky va pour sortir avec les officiers. Le duc le rappelle.)

Mon cher comte !...

(Sedlinsky revient. Le duc lui tend du bout des doigts une lettre qu'il tire de son frac.)

Une encor que vous n'avez pas lue !...

(Sedlinsky remet, d'un air piqué, la lettre sur la table, et sort.)

DIETRICHSTEIN, au duc.

Je vous trouve, avec lui, d'une sévérité !

L'ARCHIDUCHESSE, à Dietrichstein.

Le duc n'a-t-il donc pas toute sa liberté ?

DIETRICHSTEIN.

Oh ! le prince n'est pas prisonnier, mais...

LE DUC.

J'admire

Ce *mais !* Sentez-vous tout ce que ce *mais* veut dire ?
Mon Dieu, je ne suis pas prisonnier, *mais*... Voilà.
Mais... Pas prisonnier, *mais*... C'est le terme. C'est la
Formule. Prisonnier ?... Oh ! pas une seconde !
Mais... il y a toujours autour de moi du monde.
Prisonnier !... croyez bien que je ne le suis pas !
Mais... s'il me plaît risquer, au fond du parc, un pas,
Il fleurit tout de suite un œil sous chaque feuille.
Je ne suis certes pas prisonnier, *mais*... qu'on veuille
Me parler privément, sur le bois de l'huis
Pousse ce champignon : l'oreille !—Je ne suis
Vraiment pas prisonnier, *mais*... qu'à cheval je sorte,
Je sens le doux honneur d'une invisible escorte.
Je ne suis pas le moins du monde prisonnier !

Mais... je suis le second à lire mon courrier.
Pas prisonnier du tout ! *mais*... chaque nuit on place
A ma porte un laquais,—

    (Montrant un grand gaillard grissonnant qui est
      venu reprendre le plateau, et traverse le salon
      pour l'emporter.)

          tenez, celui qui passe !—
Moi, le duc de Reichstadt, un prisonnier ?... jamais !
Un prisonnier !... Je suis un *pas-prisonnier-mais*.

      DIETRICHSTEIN, un peu pincé.

J'approuve une gaieté... bien rare.

        LE DUC.

           Rarissime !

    DIETRICHSTEIN, saluant pour prendre congé.

Votre Altesse...

       LE DUC, gravement.

     Sérénissime.

        DIETRICHSTEIN.

          Hein ?

        LE DUC.

          ...Ré-nis-sime !
On m'a donné ce titre, il m'est particulier :
Tâchez une autre fois de ne pas l'oublier !

      DIETRICHSTEIN, saluant le duc.

Je vous laisse...

   (Il sort.)

SCÈNE III

LE DUC, L'ARCHIDUCHESSE.

    LE DUC, à l'archiduchesse, amèrement.

    Sérénissime... hein ? Admirable !...

  (Il se jette dans un fauteuil, et remarquant l'album qu'elle a repris sur la
    table.)

—Que portez-vous ?

     L'ARCHIDUCHESSE.

    L'herbier de l'Empereur,

LE DUC.

Ah ! diable !

L'herbier de mon grand-père...

(Il le lui prend et l'ouvre sur ses genoux.)

L'ARCHIDUCHESSE.

Il me l'a, ce matin,

Prêté, Franz !

LE DUC, regardant l'herbier.

Il est beau.

L'ARCHIDUCHESSE, lui montrant une page.

Toi qui sais le latin,

Quel est ce monstre sec et noir ?

LE DUC.

C'est une rose.

L'ARCHIDUCHESSE.

Franz, depuis quelque temps, vous avez quelque chose

LE DUC, lisant.

Bengalensis.

L'ARCHIDUCHESSE.

Ah ! oui !... du Bengale !

LE DUC, la félicitant.

Très bien.

L'ARCHIDUCHESSE.

Jo vous trouve nerveux... qu'avez-vous ?

LE DUC.

Je n'ai rien

L'ARCHIDUCHESSE.

Si ! je sais ! Votre ami Prokesch, l'enthousiaste
Confident d'un espoir que l'on trouve trop vaste,
Ils l'ont envoyé loin.

LE DUC.

Mais, en revanche, ils m'ont
Procuré pour ami le maréchal Marmont,
Qui, méprisé là-bas, voyage... pour se faire
Complimenter ici d'avoir trahi mon père.

L'ARCHIDUCHESSE.

Chut !

DEUXIEME ACTE

LE DUC.

Et cet homme-là cherche en l'esprit du fils
A jeter sur le père...

(Avec un mouvement violent.)

Oh ! je !...

(Se réprimant immédiatement,
il regarde l'herbier, et dit en
souriant.)

Volubilis.

L'ARCHIDUCHESSE.

Si je t'arrache une promesse, Ton Altesse
Est-elle résolue à tenir sa promesse ?

LE DUC, lui baisant la main.

Ce que tu fus pour moi, de tout temps, m'y résoud.

L'ARCHIDUCHESSE.

Puis je t'ai fait un beau cadeau... pour le quinze août ?

LE DUC, se levant, et désignant les objets posés sur la console,
à gauche.

Ces souvenirs, repris par vous dans un trophée
De l'archiduc...

(Il les touche, l'un après l'autre.)

...Briquet !—Bonnet dont fut coiffée
La Garde !...—Vieux fusil !...

(Mouvement d'effroi de l'archiduchesse.)

Non ! il n'est pas chargé !...

Et surtout...

L'ARCHIDUCHESSE, vivement.

Chut !

LE DUC.

... surtout, cette chose que j'ai !...

(Mystérieusement.)

Je l'ai cachée !...

L'ARCHIDUCHESSE, souriant.

Où donc, bandit ?

LE DUC, montrant sa chambre.

Dans mon repaire.

L'ARCHIDUCHESSE (C'est elle qui, maintenant, assise, feuillette
l'herbier.)

Eh bien ! donc, promets-moi...—tu connais ton grand-
père, sa douceur...

LE DUC, ramassant un papier tombé de l'herbier.

      Qu'est-ce donc qui s'envole ?...   Un papier ?

(Il lit :)

Si les étudiants s'obstinent à crier
Que dans des régiments, tous, on les incorpore...

(A l'archiduchesse.)

Vous disiez : sa douceur ?...

L'ARCHIDUCHESSE, feuilletant l'herbier.

           Oui, l'empereur t'adore.

Sa bonté...

LE DUC, ramassant un autre papier qui est tombé de l'herbier.

      Qu'est-ce encor ?...

(Il lit.)

      Puisqu'on s'est révolté,
Ordre à nos cuirassiers de charger...

(à l'Archiduchesse.)

         Sa bonté ?...

L'ARCHIDUCHESSE, nerveusement.

Il peut ne pas aimer l'esprit nouveau, le trouble !
Mais c'est un excellent vieil homme.

LE DUC.

        Oui, c'est vrai ; double !

(Refermant l'herbier.)

Fleurettes d'où pourtant, sentences, vous tombiez,
Le bon empereur Franz ressemble à ses herbiers
—D'ailleurs on l'aime !... Il sait se rendre populaire.
—Je l'aime bien.

L'ARCHIDUCHESSE.

     Il peut, pour ta cause, tout faire !

LE DUC.

Ah ! s'il voulait !...

L'ARCHIDUCHESSE.

     Promets de ne t'enfuir jamais
Qu'après avoir tenté près de lui...

LE DUC, lui tendant la main.

          Je promets.

L'ARCHIDUCHESSE, après avoir topé, respirant comme rassurée.

Ça, c'est gentil !...

(Et gaiement.)

    Il faut que je te récompense !

74

LE DUC, souriant.

Vous, ma tante ?

L'ARCHIDUCHESSE.

Ah ! on a sa petite influence !
Cet étonnant Prokesch dont on vous a privé...
J'ai tant dit !... J'ai tant fait !... Bref,—il est arrivé !

(Elle frappe trois fois le parquet de son ombrelle. La porte s'ouvre.
Prokesch paraît.)

LE DUC, courant vers Prokesch.

Vous !—Enfin !...

(L'archiduchesse s'esquive discrètement pendant que les deux amis s'étreignent.)

SCÈNE IV

LE DUC, PROKESCH

PROKESCH, à mi-voix, regardant autour de lui avec méfiance.

Chut ! on peut écouter !

LE DUC, tranquillement, à voix haute.

On écoute
Mais on ne redit rien, jamais.

PROKESCH.

Quoi ?

LE DUC.

Dans le doute
J'ai proféré, pour voir, des mots séditieux :
On n'a rien répété jamais.

PROKESCH.

C'est curieux !

LE DUC.

Je crois que l'écouteur que la police paye,
Lui vole son argent et qu'il est dur d'oreille.

PROKESCH, vivement.

Et la Comtesse ?—Rien de nouveau ?

LE DUC.

Rien !

PROKESCH.

Oh !

LE DUC, avec désespoir.

Rien !

Elle m'oublie !... ou bien, on l'a surprise !... ou bien...
—Oh ! l'an passé, n'avoir pas fui, quelle folie !...
Non ! j'ai bien fait... je suis plus prêt !—mais on
m'oublie !...

PROKESCH.

Chut !...

(Il regarde autour de lui.)

Vous travaillez là ? C'est charmant !

LE DUC.

C'est chinois.

—Oh ! ces oiseaux dorés ! oh ! ces magots sournois
Tapissant tout le mur de sourires à claques !
Ils me logent ici, dans le Salon des Laques,
Pour que sur le fond noir de ce sombre décor,
Mon uniforme blanc ressorte mieux encor !

PROKESCH.

Prince !

LE DUC, allant et venant, avec agitation.

Ils ont composé de sots mon entourage !

PROKESCH.

Que faites-vous ici, depuis six mois ?

LE DUC.

Je rage.

PROKESCH, remonté vers le balcon.

Je ne connaissais pas Schœnbrunn.

LE DUC.

C'est un tombeau !

PROKESCH, regardant.

La Gloriette, au fond, sur le ciel, c'est très beau !

LE DUC.

Oui, pendant que mon cœur de gloire s'inquiète,
J'ai ce diminutif, là-bas : la Gloriette !

PROKESCH, redescendant.

Vous avez tout le parc pour monter à cheval.

LE DUC.

Le parc est trop petit !

DEUXIEME ACTE

PROKESCH.

Vous avez tout le val !

LE DUC.

Le val est trop petit pour que l'on y galope !

PROKESCH.

Et que vous faut-il donc pour galoper ?

LE DUC.

L'Europe !

PROKESCH, voulant le calmer.

Chut !

LE DUC.

Et quand je relève un front éclaboussé
De gloire par mon livre, et lorsque du passé
Je ressors ébloui, quand je ferme Plutarque,
Quand je saute, ô César, en pleurant, de ta barque,
Quand je quitte mon père, Alexandre, Annibal...

UN LAQUAIS, paraissant à une porte de gauche.

Quel habit Monseigneur mettra-t-il pour le bal ?

LE DUC, à Prokesch.

Voilà !

(Au laquais, violemment.)

Je ne sors pas !

(Le laquais disparaît.)

PROKESCH, qui feuillette des livres, sur la table.

On vous laisse tout lire ?...

LE DUC.

Tout !... Il est loin le temps où Fanny, pour m'instruire,
Apprenait des récits par cœur !—Plus tard j'obtins
Que quelqu'un me passât des livres clandestins.

PROKESCH, souriant.

La bonne archiduchesse ?

LE DUC.

Oui.   Chaque jour, un livre.
Dans ma chambre, le soir, je lisais ; j'étais ivre.
Et puis, quand j'avais lu, pour cacher le délit,
Je lançais le volume en haut du ciel-de-lit !
Les livres s'entassaient dans ce creux d'ombre noire,
Si bien que je dormais sous un dôme d'Histoire.

77

Et, le jour, tout cela restait tranquille, mais
Tout cela s'éveillait dès que je m'endormais ;
De ces pages, alors, qui les pressaient entre elles,
Les batailles sortaient en s'étirant les ailes !
Des feuilles de laurier pleuvaient sur mes yeux clos ;
Austerlitz descendait tout le long des rideaux ;
Iéna se suspendait au gland qui les relève,
Pour se laisser tomber, tout d'un coup, dans mon rêve !
—Or, un jour que chez moi, Metternich, gravement,
Me racontait mon père, à sa guise !... au moment
Où, très doux, j'avais l'air tout à fait de le croire,
Voilà mon baldaquin qui croule sous la gloire !
Cent livres, dans ma chambre, agitent un seul nom
En battant des feuillets !

PROKESCH.

Metternich bondit ?

LE DUC.

Non.

Calme, il me dit, avec son sourire d'évêque :
" Pourquoi placer si haut votre bibliothèque ? "
Et sortit... Depuis lors je lis ce que je veux.

PROKESCH, désignant un volume.

Même *Le Fils de l'homme ?*

LE DUC.

Oui.

PROKESCH.

Ce livre odieux ?

LE DUC.

Oui. Ce livre français—car la haine est injuste !—
Prétend qu'on m'empoisonne, et parle de Locuste.
Mais, France, s'il se meurt, ton prince impérial,
Pourquoi diminuer la beauté de son mal ?
Ce n'est pas d'un poison grossier de mélodrame
Que le duc de Reichstadt se meurt : c'est de son âme !

PROKESCH.

Monseigneur !

LE DUC.

De mon âme et de mon nom !... ce nom

DEUXIEME ACTE

Dans lequel il y a des cloches, du canon,
Et qui tonne, sans cesse, et sonne des reproches
A ma langueur, avec son canon et ses cloches!
Salves et carillons, taisez-vous!—Du poison?
Comme si j'en avais besoin dans ma prison!

(Il est remonté vers la fenêtre.)

Oh! vouloir à l'histoire ajouter des chapitres,
Et puis n'être qu'un front qui se colle à des vitres!

(Il redescend vers Prokesch.)

Je tâche d'oublier, quelquefois.—Quelquefois
Je m'élance à cheval, éperdument.   Je bois
Le vent; je ne suis plus qu'un désir d'aller vite,
De crever mon cheval et mon rêve; j'èvite
De regarder courir au loin les peupliers
Pareils à des bonnets penchés de grenadiers;
Je vais; je ne sais plus quel est mon nom; je hume
Avec enivrement la forte odeur d'écume,
De poussière, de cuir, de gazon écrasé;
Enfin, vainqueur du rêve, heureux, brisé, grisé,
J'arrête mon cheval au bord d'un champ de seigle,
Lève les yeux au ciel,—et vois passer un aigle!

(Il tombe assis,—reste un instant accoudé sur la table, la tête dans ses mains. —Puis, d'une voix plus sourde :)

—Encor, si je pouvais en moi-même avoir foi!

(Il lève sur Prokesch un regard d'angoisse.)

Vous qui me connaissez, que pensez-vous de moi?
Ah! Prokesch! si j'étais ce qu'on dit que nous sommes,
Que nous sommes souvent, nous, les fils de grands homme!
Ce doute, avec des mots, Metternich l'entretient!
Il a raison,—et c'est son devoir d'Autrichien!—
J'ai froid quand, pour y prendre un mot de sa manière,
Il ouvre son esprit comme une bonbonnière!
—Vous, dites-moi quelle est au juste ma valeur?
Vous qui me connaissez... puis-je être un empereur?

(Avec désespoir.)

—Que de ce front, mon Dieu, la couronne s'écarte,
Si sa pâleur n'est pas celle d'un Bonaparte!

PROKESCH, ému.

Prince...

LE DUC.

Répondez-moi! Dois-je me dédaigner?
Parlez-moi franchement: que suis-je?—Pour régner,
Ai-je le front trop lourd et les poignets trop minces?—
Que pensez-vous de moi?

PROKESCH, gravement, lui prenant les deux mains.

Prince, si tous les princes
Connaissaient ces tourments, ces doutes, ces effrois,
Il n'y aurait jamais que d'admirables rois.

LE DUC, avec un cri de joie, l'embrassant.

Merci, Prokesch!—Ah! ce seul mot me réconforte!
—Travaillons, mon ami!

SCÈNE V

LE DUC, PROKESCH, puis THÉRÈSE

(Un laquais entre, pose sur la table un plateau avec des lettres et sort. C'est celui que le Duc a désigné tout à l'heure comme le gardant la nuit, l'homme que l'huissier a appelé le Piémontais.)

PROKESCH.

Le courrier qu'on apporte.

(Il montre les lettres au duc.)

Beaucoup de lettres.

LE DUC.

Oui... de femmes. Celles-là,
On les laisse arriver.

PROKESCH.

Que de succès!

LE DUC.

Voilà
Ce que c'est que d'avoir l'auréole fatale!

(Il prend une lettre que Prokesch lui passe, décachetée.)

" *Dans votre loge, hier, comme vous étiez pâle...* "
Je déchire.

(Il déchire, et en prend une autre.)

" *Oh! ce front qui...* " Je déchire,

(Il déchire, et Prokesch lui en
passe une troisième.)

" *Hier,*

Je vous vis, à cheval, passer sur le Prater..."
Je déchire.
(Même jeu.)

PROKESCH.

Toujours ?

LE DUC, prenant encore une lettre.
" *Prince, votre jeunesse,*
Votre inexpérience..."   Ah! c'est la chanoinesse!
—Je déchire...

(La porte s'ouvre doucement, et Thérèse paraît.)

THÉRÈSE, timidement.

Pardon...

LE DUC, se retournant à sa voix.
Petite Source, vous ?

THÉRÈSE.

Mais pourquoi donc toujours ce surnom ?

LE DUC.
Il est doux.
Il est pur.   Il vous va.

THÉRÈSE.
Je pars demain pour Parme.
Votre mère m'emmène.

LE DUC, avec un sourire forcé.
Essuyons une larme!

THÉRÈSE, tristement.

Parme!...

LE DUC.
C'est le pays des violettes.

THÉRÈSE.
Oui...

LE DUC.
Si ma mère ne le sait pas, dites-le-lui!

THÉRÈSE.
Oui, Monseigneur.—Adieu.

(Elle remonte lentement pour sortir.)

LE DUC.
Reprenez votre course,

Petite Source!

6   81

THÉRÈSE, s'arrêtant.

Mais... pourquoi '' Petite Source '' ?

LE DUC.

Mais parce qu'elle m'a rafraîchi bien des fois,
L'eau qui dort dans vos yeux et court dans votre voix.
—Adieu...

THÉRÈSE remonte, puis, sur le seuil, comme attendant, espérant encore...

Vous n'avez pas autre chose à me dire ?

LE DUC.

Pas autre chose.

THÉRÈSE.

Adieu, Monseigneur...

(Elle sort.)

LE DUC.

Je déchire.

SCÈNE VI

LE DUC, PROKESCH

PROKESCH.

Oh ! je vois !

LE DUC, rêveur.

Elle m'aime... et j'aurais pu vraiment...

(Changeant de ton.)

—Mais faisons de l'histoire et non pas du roman !
Travaillons... Reprenons notre cours de tactique.

PROKESCH, déroulant un papier qu'il a apporté et l'appliquant
sur la table :

Je vous soumets un plan.   Faites-m'en la critique.

LE DUC, débarrassant la grande table, écartant les livres et les armes
pour ménager un champ de bataille.

Attends ! Prends-moi d'abord—là, dans ce coin, tu vois ?—
La grande boîte où sont tous mes soldats de bois !
Ma démonstration, je vais bien mieux la faire
Avec notre petit échiquier militaire.

DEUXIEME ACTE

PROKESCH, apportant au duc la boîte de soldats.

Prouvez-moi que ce plan est des plus hasardeux.

LE DUC, posant la main sur la boîte, dans un retour de mélancolie.

Voilà donc les soldats de Napoléon Deux!

PROKESCH, avec reproche.

Prince!...

LE DUC.

La surveillance est tellement étroite,
Que même mes soldats—tu peux ouvrir la boîte!—
Que même mes soldats de bois sont Autrichiens!
—Passe-m'en un.—Posons notre aile gauche...

(Il prend sans le regarder le soldat que lui passe Prokesch, cherchant de l'œil sa place sur la table, le pose, et brusquement, le voyant.)

Tiens!

PROKESCH.

Quoi donc?

LE DUC, avec stupeur, reprenant le soldat et le regardant.

Un grenadier de la garde!

(Prokesch lui en passe un autre.)

Un vélite!

(A chaque soldat que lui passe Prokesch.)

Un guide!—Un cuirassier!—Un gendarme d'élite!
—Il sont tous devenus Français!   On a repeint
Chacun de ces petits combattants de sapin!

(Il se précipite vers la boîte,—et les sort lui-même avec un émerveillement croissant.)

Français!—Français!—Français!

PROKESCH.

Quel est donc ce prodige?

LE DUC.

Quelqu'un les a repeints et resculptés, te dis-je!

PROKESCH.

Quelqu'un?

LE DUC.

Et ce quelqu'un... est un soldat!

83

L'AIGLON

PROKESCH.

Pourquoi ?

LE DUC, lui faisant regarder de près les petits soldats.

Il y a sept boutons à l'habit bleu de roi !
Les collets sont exacts.   Les revers sont fidèles.
Torsades, brandebourgs, trèfles, nids d'hirondelles,
Tout y est !   Ce quelqu'un ne peut être indécis
Ni sur un passe-poil, ni sur un retroussis !
Les lisérés sont blancs, les pattes ont trois pointes...
Oh ! toi, qui que tu sois, ami, c'est·à mains jointes
Que je te remercie, ô soldat inconnu,
Qui je ne sais comment, je ne sais d'où venu,
A trouvé le moyen, dans ce bagne où nous sommes,
De repeindre pour moi tous ces petits bonshommes !
Petite armée en bois, le héros, quel est-il,
—Seul un héros peut-être à ce point puéril !—
Qui vient de t'équiper afin que tu me ries
De toutes les blancheurs de tes buffleteries ?
Mais comment a-t-il fait pour échapper aux yeux ?
Oh ! quel est le pinceau tendre et minutieux
Qui leur a mis à tous des petites moustaches,
Qui timbra de canons croisés les sabretaches,
Et qui n'oublia pas de se tremper dans l'or
Pour mettre aux officiers la grenade ou le cor !

(S'exaltant de plus en plus.)

Sortons-les tous !... La table en est toute couverte !
Voici les voltigeurs à l'épaulette verte,
Voici les tirailleurs, et voici les flanqueurs !
Sortons-les, sortons-les, tous ces petits vainqueurs !
Oh ! regarde, Prokesch, dans la boîte, enfermée,
Regarde ! il y avait toute la Grande Armée !
—Voici les Mamelucks !—Tiens, là, je reconnais
Les plastrons cramoisis des lanciers polonais !
Voici les éclaireurs culottés d'amarante !
Enfin, voici, guêtrés de couleur différente,
Les grenadiers de ligne aux longs plumets tremblants
Qui montaient à l'assaut avec des mollets blancs,
Et les conscrits chasseurs aux pompons verts en poires
Qui couraient à la Mort avec des jambes noires !

(Soupirant.)

Pareil au prisonnier rêveur qui se ferait
Toute une frémissante et profonde forêt
Avec l'arbre en copeaux d'un jardin de poupée,
Rien qu'avec ces soldats, je me fais l'Epopée!

(Il s'éloigne à reculons de la table.)

—Mais c'est vrai!   Mais déjà je ne vois plus du tout
La rondelle de bois qui les maintient debout!
Cette armée, on dirait, Prokesch, lorsqu'on recule,
Que c'est l'éloignement qui la rend minuscule!...

(Il revient, d'un bond, et disposant fièvreusement les petites troupes,)

Alignons-les!   Faisons des Wagram, des Eylau!

(Il saisit un sabre posé, parmi les armes, sur la console,—et le place en travers
de son champ de bataille.)

Tiens! ce yatagan nu va représenter l'eau!
C'est le Danube!...

(Il désigne des points imaginaires.)

Essling!...   Aspern, là, dans la boîte!

(A Prokesch.)

Lance un pont de papier sur l'acier qui miroite!
—Passe-moi deux ou trois grenadiers à cheval!
—Il faut une hauteur: prends le *Mémorial!*
—Là, Saint-Cyr!...   Molitor, vainqueur de Bellegarde!
Et là, passant le pont...

(Depuis un instant Metternich est entré et, debout, derrière le duc qui,
dans le feu de l'action, s'est agenouillé devant la table pour mieux arranger
les soldats,—il suit les manœuvres.)

SCÈNE VII

LES MÊMES, METTERNICH, puis UN LAQUAIS.

METTERNICH, tranquillement.

Passant le pont?

LE DUC, tressaille, et se retournant.

La Garde!

METTERNICH, regardant avec son lorgnon.

Alors, toute l'armée est française, aujourd'hui ?
D'où vient qu'on ne voit pas d'Autrichiens ?

LE DUC.

Ils ont fui.

METTERNICH.

Tiens ! tiens !

(Il prend un des petits soldats, le retourne.)

Qui vous les a peinturlurés ?

LE DUC, sèchement.

Personne.

METTERNICH.

C'est vous ?... Vous abîmez les joujoux qu'on vous donne ?

LE DUC, pâlissant.

Mais, Monsieur !...

(Metternich sonne. Un laquais paraît. C'est le même
que tout à l'heure.)

METTERNICH, au laquais.

Emportez et jetez ces soldats !
On en rapportera de neufs.

LE DUC.

Je n'en veux pas !
Si j'en suis au joujou, du moins qu'il soit épique !

METTERNICH.

Quelle mouche, ou plutôt quelle abeille, vous pique ?

LE DUC, marchant sur lui les poings crispés.

Sachez que l'ironie étant peu de mon gré...

LE LAQUAIS, qui emporte les soldats, en passant derrière le duc, bas et vite.

Taisez-vous, Monseigneur, je vous les repeindrai.

METTERNICH, qui remontait, se retourne à la menace du duc, et avec
hauteur.

Plaît-il ?

LE DUC, calmé subitement, avec une humilité forcée :

Rien.—Un moment d'humeur, involontaire.
Pardonnez-moi...

(A part.)

J'ai quelqu'un là. Je peux me taire !

METTERNICH.

J'amenais justement votre ami.

LE DUC.

Mon ami ?

METTERNICH.

Le maréchal Marmont.

PROKESCH, avec une indignation contenue.

Marmont !

METTERNICH, regardant Prokesch.

Il est parmi

Ceux qu'il me plaît de voir ici.

PROKESCH, entre ses dents.

J'aime à le croire.

METTERNICH.

Il est là.

LE DUC, très aimablement.

Mais qu'il vienne !

(Metternich sort. A peine la porte fermée, le duc s'abat dans le fauteuil, et se cognant avec désespoir la tête contre la table.)

Ah ! mon père !... la gloire !..

Les aigles !... le manteau !... le trône impérial !...

(On entend la porte se rouvrir. Il se redresse, immédiatement calme et souriant, et très naturellement, à Marmont qui entre avec Metternich.)

Comment vous portez-vous, Monsieur le maréchal ?

METTERNICH, désirant emmener Prokesch.

Prokesch, venez un peu voir la chambre qu'habite
Le duc...

(Il lui prend le bras et l'emmène. Le duc et Marmont restent seuls.)

SCÈNE VIII

LE DUC, MARMONT, un instant METTERNICH et PROKESCH

MARMONT, s'asseyant sur un signe du duc.

C'est, Monseigneur, ma dernière visite.
Car, sur lui, je n'ai plus à vous apprendre rien.

LE DUC.

C'est vraiment désolant ; vous en parliez si bien.

MARMONT.

J'en ai fait un portrait fidèle à Votre Altesse.

LE DUC.

Fidèle!—Alors, plus rien ?

MARMONT.

Plus rien.

LE DUC.

Sur sa jeunesse,

Plus aucun souvenir ?

MARMONT.

Aucun.

LE DUC.

Résumons-nous:

Il fut très grand.

MARMONT.

Très grand.

LE DUC.

Mais, peut-être, sans vous,

Aurait-il...

MARMONT.

J'ai parfois empêché...

LE DUC.

Le désastre.

MARMONT, encouragé.

Dame! il avait le tort de trop croire...

LE DUC.

A son astre.

MARMONT, satisfait.

Nous nous rencontrons bien dans nos conclusions.

LE DUC.

Et ce fut, n'est-ce pas ? comme nous le disions...

MARMONT, s'abandonnant tout à fait.

Ce fut un général, certes, considérable,
Mais enfin on ne peut pas dire...

LE DUC.

Misérable!

MARMONT, se levant.

Hein ?

DEUXIEME ACTE

LE DUC.

Puisque j'ai fini de vous prendre aujourd'hui
Tout ce qui vous restait de souvenirs de lui,
Tout ce qui, malgré vous, en vous, était splendide,—
Je vous jette à présent,—puisque vous êtes vide.

MARMONT, blème.

Mais je...

LE DUC.

L'avoir trahi, duc de Raguse,—toi!
Oui, vous vous disiez tous, je sais: "Pourquoi pas moi?"
En voyant empereur votre ancien camarade...
Mais toi! toi qu'il aima depuis le premier grade!
—Car il t'aimait au point de rendre mécontents
Ses soldats!—toi qu'il fit maréchal à trente ans!...

MARMONT, rectifiant sèchement.

Trente-cinq!

LE DUC.

Et voilà! c'est le traître d'Essonnes!
Et pour dire: trahir! le peuple—tu frissonnes!—
Le peuple a fabriqué le verbe *raguser!*

(Se levant tout d'un coup et marchant sur lui.)

Ne vous laissez donc pas en silence accuser!
Répondez! Ce n'est plus le prince François-Charle,
C'est Napoléon Deux maintenant qui vous parle!

MARMONT, qui recule, bouleversé.

Mais on vient!... Metternich!... je reconnais sa voix...

LE DUC, lui montrant la porte qui s'ouvre, fièrement.

Eh bien! trahissez-nous une seconde fois!

(Les bras croisés, il le brave du regard. Silence. Metternich reparaît
avec Prokesch.)

METTERNICH, traversant le fond avec Prokesch.

Ne vous dérangez pas! Causez! causez!... J'emmène
Prokesch, au fond du parc, voir la *Ruine Romaine*
Où j'organise un bal.—Dernier représentant
D'un monde qui mourra, dit-on, dans un instant,
J'aime assez que ce soit sur des ruines qu'on danse!
A demain...

(Ils sortent. Un temps.)

MARMONT, d'une voix sourde.

Monseigneur, j'ai gardé le silence.

LE DUC.

Il n'aurait plus manqué que vous ragusassiez!

MARMONT, saisissant une chaise.

Vous pouvez conjuguer ce verbe; je m'assieds.

LE DUC.

Comment?

MARMONT.

Je vous permets de conjuguer ce verbe,
Car vous avez été, tout à l'heure, superbe!

LE DUC.

Monsieur!...

MARMONT, haussant les épaules.

J'ai dit du mal de l'Empereur? j'en dis
Toujours... depuis quinze ans, c'est vrai: je m'étourdis!
Ne comprenez-vous pas que le duc de Raguse
Espère se trouver, à lui-même, une excuse?
—La vérité... c'est que je ne l'ai pas revu.
Si je l'avais revu, je serais revenu!
Bien d'autres l'ont trahi, croyant servir la France!
Mais ils l'ont tous revu! Voilà la différence!
Tous ils étaient repris!—et je le suis, ce soir!...

LE DUC.

Pourquoi?

MARMONT, avec une brusque chaleur.

Mais parce que je viens de le revoir!

LE DUC, auquel échappe presque un cri de joie.

Comment?

MARMONT, tendant la main vers le Duc.

Là,—dans le front, dans la fureur du geste,
Dans l'œil étincelant!... Insultez-moi. Je reste.

LE DUC.

Ah!... tu réparerais un peu, si c'était vrai!
Et c'est toi, par ton cri, qui m'aurais délivré
De ce doute de moi si triste, et qu'on exploite.
Quoi! malgré mon front lourd et ma poitrine étroite?...

MARMONT.

Je l'ai revu !

LE DUC.

D'espoir je suis réenvahi !
Je voudrais pardonner !—Pourquoi l'as-tu trahi ?

MARMONT.

Ah ! Monseigneur !...

LE DUC.

Pourquoi,—vous autres ?

MARMONT, avec un geste découragé.

La fatigue !

(Depuis un instant, la porte du fond, à droite, s'est entr'ouverte sans bruit, et on a pu apercevoir, dans l'entrebâillement, le laquais qui a emporté les petits soldats, écoutant. A ce mot : *la fatigue*, il entre et referme doucement la porte derrière lui, pendant que Marmont continue, dans un accès de franchise.)

Que voulez-vous ?... Toujours l'Europe qui se ligue !
Être vainqueur, c'est beau, mais vivre a bien son prix !
Toujours Vienne, toujours Berlin,—jamais Paris !
Tout à recommencer, toujours !... On recommence
Deux fois, trois fois, et puis... C'était de la démence !
A cheval sans jamais desserrer les genoux !
A la fin nous étions trop fatigués !...

LE LAQUAIS, d'une voix de tonnerre.

Et nous ?...

SCÈNE IX

LE DUC, MARMONT, FLAMBEAU

LE DUC ET MARMONT, se retournant et l'apercevant debout,
au fond, les bras croisés.

Hein ?

LE LAQUAIS, descendant peu à peu vers Marmont.

Et nous, les petits, les obscurs, les sans-grades,
Nous qui marchions fourbus, blessés, crottés, malades,
Sans espoir de duchés ni de dotations ;
Nous qui marchions toujours et jamais n'avancions ;
Trop simples et trop gueux pour que l'espoir nous berne
De ce fameux bâton qu'on a dans sa giberne ;

Nous qui par tous les temps n'avons cessé d'aller,
Suant sans avoir peur, grelottant sans trembler,
Ne nous soutenant plus qu'à force de trompette,
De fièvre, et de chansons qu'en marchant on répète·
Nous sur lesquels pendant dix-sept ans, songez-y,
Sac, sabre, tourne-vis, pierres à feu, fusil,
—Ne parlons pas du poids toujours absent des vivres !—
Ont fait le doux total de cinquante-huit livres ;
Nous qui coiffés d'oursons sous les ciels tropicaux,
Sous les neiges n'avions même plus de shakos ;
Qui d'Espagne en Autriche exécutions des trottes ;
Nous qui pour arracher ainsi que des carottes
Nos jambes à la boue énorme des chemins,
Devions les empoigner quelquefois à deux mains ;
Nous qui pour notre toux n'ayant pas de jujube,
Prenions des bains de pied d'un jour dans le Danube ;
Nous qui n'avions le temps quand un bel officier
Arrivait, au galop de chasse, nous crier :
"L'ennemi nous attaque, il faut qu'on le repousse !"
Que de manger un blanc de corbeau sur le pouce,
Ou vivement, avec un peu de neige, encor,
De nous faire un sorbet au sang de cheval mort ;
Nous...

LE DUC, les mains crispées aux bras de son fauteuil, penché en avant, les yeux
ardents.

Enfin !...

LE LAQUAIS.

...qui, la nuit, n'avions pas peur des balles,
Mais de nous réveiller, le matin, cannibales ;
Nous...

LE DUC, de plus en plus penché, s'accoudant sur la table, et dévorant cet homme
du regard.

Enfin !...

LE LAQUAIS.

...qui marchant et nous battant à jeun,
Ne cessions de marcher...

LE DUC, transfiguré de joie.

Enfin ! j'en vois donc un !

LE LAQUAIS.

...Que pour nous battre,—et de nous battre un contre
    quatre,
Que pour marcher,—et de marcher que pour nous battre,
Marchant et nous battant, maigres, nus, noirs et gais...
Nous, nous ne l'étions pas, peut-être, fatigués ?

MARMONT, interdit.

Mais...

LE LAQUAIS.

      Et sans lui devoir, comme vous, des chandelles,
C'est nous qui cependant lui restâmes fidèles !
Aux portières du roi votre cheval dansait !...

   (Au duc.)

De sorte, Monseigneur, qu'à la cantine où c'est
Avec l'âme qu'on mange et de gloire qu'on dîne...
Sa graine d'épinard ne vaut pas ma sardine !

MARMONT.

Quel est donc ce laquais qui s'exprime en grognard ?

LE LAQUAIS, prenant la position militaire.

Jean-Pierre Séraphin Flambeau, dit "le Flambard."
Ex-sergent grenadier vélite de la garde.
Né de papa breton et de maman picarde.
S'engage à quatorze ans, l'an VI, deux germinal.
Baptême à Marengo.   Galons de caporal
Le quinze fructidor an XII. Bas de soie
Et canne de sergent trempés de pleurs de joie
Le quatorze juillet mil huit cent neuf,—ici,
—Car la garde habita Schœnbrunn et Sans-Souci !—
Au service de Sa Majesté Très Française
Total des ans passés : seize ; campagnes : seize.
Batailles : Austerlitz, Eylau, Somo-Sierra,
Eckmühl, Essling, Wagram, Smolensk...et cætera !
Faits d'armes : trente-deux. Blessures : quelques-unes.
Ne s'est battu que pour la gloire, et pour des prunes.

MARMONT, au duc.

Vous n'allez pas ainsi l'écouter jusqu'au bout ?

LE DUC.

Oui, vous avez raison, pas ainsi,—mais debout !

   (Il se lève.)

MARMONT.

Monseigneur...

LE DUC, à Marmont.

    Dans le livre aux sublimes chapitres,
Majuscules, c'est vous qui composez les titres,
Et c'est sur vous toujours que s'arrêtent les yeux !
Mais les mille petites lettres... ce sont eux !
Et vous ne seriez rien sans l'armée humble et noire
Qu'il faut pour composer une page d'histoire !

(A Flambeau.)

Ah ! mon brave Flambeau, peintre en soldats de bois,
Quand je pense que je te vois depuis un mois,
Et que tu m'agaçais avec tes surveillances !...

FLAMBEAU, souriant.

Oh ! nous sommes de bien plus vieilles connaissances !

LE DUC.

Nous ?

FLAMBEAU, avançant sa bonne grosse figure.

Monseigneur ne me remet pas ?

LE DUC.

               Pas du tout !

FLAMBEAU, insistant.

Mais un jeudi matin ! dans le parc de Saint-Cloud !...
—Le maréchal Duroc, la dame de service
Regardaient Votre Altesse user d'une nourrice
Si blanche, il m'en souvient, que j'en reçus un choc.
"Approche !" me cria le maréchal Duróc.
J'obéis. Mais j'étais troublé par trop de choses...
L'enfant impérial, les grandes manches roses
De la dame d'honneur, ce maréchal,—ce sein...
Bref, mon plumet tremblait à mon bonnet d'oursin.
Si bien qu'il intrigua les yeux de Votre Altesse.
Vous le considériez rêveusement... Qu'était-ce ?
Et tout en lui faisant un rire plein de lait
Vous sembliez chercher si ce qu'il vous fallait

Admirer davantage en sa rougeur qui bouge,
C'était qu'elle bougeât, ou bien qu'elle fût rouge.
Soudain, m'étant penché, je sentis, inquiet,
Que vos petites mains tripotaient mon plumet.
Le maréchal Duroc me dit d'un ton sévère :
"Laissez faire Sa Majesté !" Je laissai faire.
J'entendais—ayant mis à terre le genou—
Rire le maréchal, la dame, et la nounou...
Et quand je me levai, toute rouge était l'herbe,
Et j'avais pour plumet un fil de fer imberbe.
"Je vais signer un bon pour qu'on t'en rende deux !"
Dit Duroc.—Je revins au quartier, radieux !
"Hé ! psitt ! là-bas ! Qui donc m'a déplumé cet homme ?"
Dit l'adjudant. Je répondis : "Le Roi de Rome."
—Voilà comment je fis connaissance, un jeudi,
De Votre Majesté. Votre Altesse a grandi.

LE DUC.

Non, je n'ai pas grandi—c'est bien là ma tristesse!—
Puisque Sa Majesté n'est plus que Son Altesse.

MARMONT, bourru, à Flambeau.

Et qu'as-tu fait depuis que l'Empire est tombé ?

FLAMBEAU, le toisant.

Je crois m'être conduit toujours comme un bon...
(Il va lâcher le mot, mais la présence du prince le retient, et il dit seulement :)

B.

Je connais Solignac et Fournier-Sarlovèze,
Conspire avec Didier, en mai mil huit cent seize ;
Complot raté ; je vois exécuter Miard,
Un enfant de quinze ans, et David, un vieillard.
Je pleure. On me condamne à mort par contumace.
Bien. Je rentre à Paris sous un faux nom. Je casse,
Sous prétexte qu'il mit sa botte sur mes cors,
Un tabouret de bois sur un garde du corps.
Je préside des punchs terribles. Je dépense
Soixante sous par mois. Je garde l'espérance
Que l'Autre peut encor débarquer, dans le Var!

95

Je me promène, avec un chapeau bolivar.
Quiconque me regarde est traité de "vampire."
Je me bats trente fois en duel.   Je conspire
A Béziers.   Le coup rate.   On me condamne à mort
Par contumace.   Bon.   Je m'affilie encor
Au complot de Lyon.   On nous arrête en masse.
Je file.   On me condamne à mort par contumace.
Et je rentre à Paris, où, comme par hasard,
Je me trouve fourré du complot du bazar.
Desnouettes (Lefèvre) étant en Amérique,
Je l'y joins : "Général, que fait-on ?"—"On rapplique!"
Départ ; naufrage ; et comme un simple passager,
Voilà mon général noyé.   Je sais nager,
Et je nage, en pleurant Lefèvre-Desnouettes...
Bon, très bien.   Du soleil, des flots bleus, des mouettes,
Un navire, on me cueille...et je débarque, mûr
Pour aller prendre part au complot de Saumur.
Complot raté.   Cour prévôtale.   Je m'esbigne.
Le commandant Caron du cinquième de ligne
Conspirant à Toulon, j'y vole.   Mais en vain,
Car nous bavardons trop chez un marchand de vin :
Tout rate.   On me condamne à mort par contumace.
Je vais me dérouiller en Grèce la carcasse
Contre ces salés Turcs, que l'on écrabouillait !
Enfin je rentre en France, un matin de juillet,
Je vois faire un tas de pavés, j'y collabore,
Je me bats, et, le soir, le drapeau tricolore
Flotte au lieu du drapeau pâle de l'émigré.
Mais comme à ce drapeau, quelque chose, à mon gré,
Manquait encore, en haut de sa hampe infidèle,
—Vous savez, quelque chose, en or, qui bat de l'aile!—
Je pars pour un complot en Romagne.   'Il rata.
Une cousine à vous...

LE DUC, vivement.

Son nom ?

FLAMBEAU.

Camerata!
Me prend pour professeur d'escrime...

DEUXIEME ACTE

LE DUC, comprenant tout.

Ah!...

FLAMBEAU.

En Toscane!

On conspire, en faisant du sabre et de la canne;
Un poste dangereux était à prendre ici,
On me donne de faux papiers, et me voici.

(Il se frotte les mains, rit silencieusement, et, clignant de l'œil :)

—Je suis là.   Mais je vois, chaque jour, la comtesse.
J'ai trouvé, dans le parc, ce trou que Votre Altesse
Creusa jadis avec son précepteur Colin
Pour jouer au petit Robinson;—moi, malin,
Je m'y cache; c'est un couloir à deux sorties,
L'une dans des fourmis, l'autre dans des orties;
J'attends; votre cousine, un album dans les mains,
Vient en touriste; et là, près des machins romains,
Elle sur un pliant, et moi dans de la glaise,
Elle ayant l'air de dessiner comme une Anglaise,
Et moi parlant du fond d'un trou comme un souffleur,—
Nous causons des moyens de vous faire empereur.

LE DUC, après un léger silence d'émotion.

Et pour un dévouement d'une suite pareille,
Que me demandes-tu?

FLAMBEAU.

De me tirer l'oreille.

LE DUC.

De?...

FLAMBEAU, gaiement.

Que peut demander un ex-grognard?

LE DUC, un peu troublé par sa familiarité soldatesque.

Un ex?...

FLAMBEAU.

J'attends!... Mais allez donc!... Oui...le pouce...et
l'index...

(Le duc lui tire l'oreille, maladroitement, d'un geste, malgré lui, hautain. Flambeau fait la moue.)

Ah! ce n'est pas ainsi, Monseigneur, qu'on la pince!
Vous, vous ne savez pas; vous,—vous êtes trop prince!

LE DUC, tressaillant.

Ah! tu crois?

MARMONT.

Maladroit, de lui dire ce mot!

FLAMBEAU.

Quand le prince est Français, c'est un demi-défaut!

LE DUC, anxieusement.

Mais...me sent-on Français dan ce palais d'Autriche?

FLAMBEAU.

Oh! oui!

(Regardant autour de lui.)

Vous n'allez pas ici.   C'est lourd! c'est riche!

MARMONT.

Comment, tu vois ça, toi?

FLAMBEAU.

Mon frère est tapissier,
Et travaille, à Paris, pour Fontaine et Percier.
Ça veut nous imiter.   Mais ils vous ont, tonnerre!
Un Louis-Quinze, ici,—qui n'est pas ordinaire!
Je ne suis pas un grand connaisseur, mais j'ai l'œil!...
(Il saisit un fauteuil que sa large main enlève comme une plume, et désignant le lourd bois doré, d'un goût allemand.)
Est-ce assez siroté, le bois de ce fauteuil!
(Il le repose, et montrant la tapisserie, montée dans ce bois.)
Mais la tapisserie!...hein? ce goût...ce mystère!
Ça chante!....ça sourit!...ça fiche tout par terre!
Pourquoi?   Vous le savez: ce sont des Gobelins!
Et comme on voit que ça, c'est fait par des malins!
Ça jure, là-dedans, ce goût, cette élégance!...
—Vous aussi, Monseigneur, on vous a fait en France.

MARMONT, au duc.

Il faut y retourner!

FLAMBEAU.

Et sur la croix d'honneur
Venir faire remettre un petit empereur!

LE DUC.

Mais qui donc ont-il mis à sa place?

DEUXIEME ACTE

FLAMBEAU.

                    Henri Quatre.
Dame! il fallait trouver quelqu'un qui sût se battre...
Mais, basta! l'empereur Napoléon sourit
D'avoir pour fausse barbe, un jour, le roi Henri!...
—Avez-vous jamais vu la croix?

LE DUC, mélancoliquement.

                    Dans des vitrines.

FLAMBEAU.

Monseigneur, il fallait voir ça sur des poitrines!
Là, sur le drap bombé, goutte de sang ardent
Qui descendait, et devenait, en descendant,
De l'or, et de l'émail, avec de la verdure...
C'était comme un bijou coulant d'une blessure.

                    LE DUC.

Ce devait être beau, mon ami, je le crois,
Sur ta poitrine, là.

FLAMBEAU.

        Moi?... Je n'ai pas la croix!

LE DUC, sursautant.
Après ce que tu fis, modeste et grandiose?

FLAMBEAU.
Pour l'avoir, il fallait faire bien autre chose!

LE DUC.
Tu n'as pas réclamé?

FLAMBEAU, simplement.

            Quand le petit Tondu
Ne donnait pas l'objet, c'est qu'il n'était pas dû.

LE DUC.
Eh bien! moi, sans pouvoir, sans titre, sans royaume,
Moi qui ne suis qu'un souvenir dans un fantôme!
Moi, ce duc de Reichstadt qui, triste, ne peut rien
Qu'errer sous les tilleuls de ce parc autrichien,
En gravant, sur leurs troncs, des N dans la mousse...
Passant qu'on ne regarde un peu que lorsqu'il tousse!
Moi qui n'ai même plus le plus petit morceau
De la moire si rouge, hélas! dans mon berceau!
Moi dont ils ont en vain constellé l'infortune!

99

(Avec désespoir.)

Non! non! je ne veux pas que Marmont se consacre...

MARMONT, saluant.

Je vous obéirai, Monsieur, après le sacre.
—Je vais voir de ce pas le maréchal Maison.

(Il sort.)

FLAMBEAU, fermant la porte, et redescendant.

Cette ancienne canaille a tout à fait raison.

SCÈNE X

LE DUC, FLAMBEAU

LE DUC, allant et venant avec agitation.

Soit! je partirais bien!... mais la preuve! la preuve
Que de mon père encor la France se sent veuve!
Elles ont dû mourir, Flambeau, depuis le temps,
Les tendresses pour nous de tous ces braves gens!

FLAMBEAU, lyrique.

Leurs tendresses pour vous?... Elles sont immortelles!

(Et de sa poche il tire quelque chose de long et de tricolore qu'il fait
tournoyer glorieusement au-dessus de sa tête, puis remet dans les mains
du duc.)

LE DUC.

Qu'est-ce que c'est que ça, Flambeau?

FLAMBEAU, tranquillement.

C'est des bretelles.

LE DUC.

Es-tu fou?

FLAMBEAU.

Regardez ce qu'il y a dessus.

LE DUC.

Mon portrait!...

FLAMBEAU.

Ça se porte assez. Les gens cossus.

LE DUC.

Mais, Flambeau!...

102

DEUXIEME ACTE

FLAMBEAU, lui présentant une tabatière qu'il tire de son gousset.

Voulez-vous accepter une prise ?

LE DUC, interdit.

Je...

FLAMBEAU, lui faisant signe de regarder.

Sur la tabatière, une tête...qui frise.

LE DUC.

C'est moi !

FLAMBEAU, déployant un grand mouchoir de soie comme en vendent les colporteurs.

Que pensez-vous de ce grand mouchoir bleu ?
Hein ! ça fait bien, le Roi de Rome, au beau milieu ?

(Il étale le mouchoir au dossier d'un fauteuil.)

LE DUC.

Mais...

FLAMBEAU, dépliant une sorte d'Épinal.

Image en couleur, pour les murs. Ça se colle.

LE DUC.

C'est encor moi, sur un cheval...

FLAMBEAU.

Qui caracole !

—Et comment trouvez-vous la pipe ?

(Il lui présente une pipe.)

LE DUC, se reconnaissant dans la tête de pipe.

Mais, Flambeau !...

FLAMBEAU.

Ah ! vous ne direz pas que vous n'êtes pas beau !

LE DUC, partagé entre l'émotion et le rire.

Je...

FLAMBEAU, sortant toujours de ses poches d'autres petits objets.

Cocarde !—On la met pour qu'elle soit saisie !

LE DUC.

Qu'est-ce encor ?

FLAMBEAU.

Médaillon.   Petite fantaisie !

LE DUC.

C'est toujours moi !

FLAMBEAU.

Toujours !.., Et sur ce verre, en mat,

108

Quels mots a-t-on gravés ?

(Il a tiré un verre des basques de sa livrée.)

LE DUC, lisant sur le verre.

" François, duc de Reichstadt ! "

FLAMBEAU, sortant de sous son gilet une assiette peinte.

Vous ne voudriez pas qu'il n'y eût pas l'assiette...

LE DUC, de plus en plus stupéfait.

L'assiette ?

FLAMBEAU, disposant tout sur la table à mesure que ça sort
de ses poches.

Le couteau !—Le rond de serviette !
—Ah ! sur le coquetier, vous avez l'air ravi !

(Il avance un fauteuil.)

Le couvert est complet: Monseigneur est servi.

LE DUC, tombant assis.

Flambeau !

FLAMBEAU, avec un enthousiasme croissant.

Enfin de tout !—et des cravates roses
Où l'on vous voit brodé dans des apothéoses !
—Des cartes à jouer dont vous êtes l'atout !

LE DUC, éperdu, au milieu des objets qui pleuvent, autour de lui,
sur la table.

Flambeau !

FLAMBEAU.

Des almanachs !

LE DUC.

Flambeau !

FLAMBEAU.

De tout ! de tout !

LE DUC éclatant en sanglots.

Flambeau !

FLAMBEAU.

Hein ? vous pleurez ?... Nom d'un petit bonhomme !

(Il saisit le foulard qu'il a mis au dossier du fauteuil.)

Essuyez-vous les yeux avec le Roi de Rome !...

(Agenouillé près du duc et lui essuyant les yeux avec le mouchoir.)

Moi je vous dis qu'on bat les fers lorsqu'ils sont chauds;
Que vous avez le peuple avec les maréchaux;
Que le roi, le roi même, à cette heure n'existe

DEUXIEME ACTE

Qu'à la condition d'être bonapartiste;
Qu'en vain, ils ont un coq qui se donne du mal
Pour ressembler, de loin, à l'aigle impérial;
Qu'on trouve irrespirable, en France, un air sans gloire;
Qu'une couronne ne tient pas sur une poire;
Que la jeunesse, autour de vous, va se ranger,
En fredonnant une chanson de Béranger;
Que la rue a frémi, que le pavé tressaille,
—Et que Schœnbrunn est bien moins joli que Versaille!

LE DUC, debout.

J'accepte... je fuirai...
   (On entend une musique militaire, dehors. Le duc tressaille.)

FLAMBEAU, qui a couru à la fenêtre.
         Sur l'escalier d'honneur,
C'est la musique de la garde.—L'Empereur
Doit rentrer au chateau.

LE DUC, dégrisé.
        Mon grand-père qui rentre!...

Ma promesse!...
    (A Flambeau.)
     Non! non! avant d'accepter...

FLAMBEAU, inquiet.
                 Diantre!

LE DUC.

... Je dois tenter auprès de lui...! Mais si ce soir,
Quand tu viendras ici me garder, tu peux voir
Quelque chose... que tu n'y vois pas d'habitude,
C'est que j'accepte alors de m'enfuir!...

FLAMBEAU, en gamin de Paris.
            O Latude!
—Que sera ce signal?

LE DUC.
   Tu le verras!

FLAMBEAU.
       Oui, mais...

   (La porte s'ouvre. Il s'éloigne vivement du Duc et a l'air de ranger dans la pièce. On voit paraître sur le seuil un garde noble hongrois, rouge et argent, botté de jaune, la peau de panthère sur l'épaule, et le bonnet de fourrure surmonté d'un long plumet blanc à monture d'argent.)

SCÈNE XI

Les Mêmes, UN GARDE–NOBLE

LE GARDE-NOBLE.

Monseigneur...

FLAMBEAU, à part, regardant le Hongrois.

Les mâtins, ont-ils de beaux plumets!

LE DUC.

Qu'est-ce donc?

LE GARDE-NOBLE.

L'empereur rentrait.   On vint lui dire:
" C'est aujourd'hui le jour de la semaine, Sire,
Où Votre Majesté reçoit tous ses sujets...
Bien des gens sont venus de très loin."—"J'y songeais!"
Répondit l'empereur, toujours simple..."et j'espère
Les recevoir.   Je suis à Schœnbrunn en grand-père;
Je serai, chez le duc, tantôt, de cinq à six;
Que mes autres enfants soient chez mon petit-fils!"
—Peut-on monter?

LE DUC.

Ouvrez toutes les portes closes!

(L'officier sort.—Jusqu'à la fin de l'acte on entend jouer la musique de la garde dans le parc.)

SCÈNE XII

LE DUC, FLAMBEAU

LE DUC, vivement, dès qu'il voit qu'ils sont seuls, montrant les objets épars sur la table.

Maintenant, fais-moi vite un paquet de ces choses;
Dans ma chambre, à loisir, je compte les revoir!

FLAMBEAU, entassant rapidement tous les petits objets dans le foulard.

J'en fais un baluchon, tenez, dans le mouchoir!
—Mais dites-moi ce que ce signal peut bien être?

DEUXIEME ACTE

LE DUC.

Flambeau, tu ne peux pas ne pas le reconnaître!
—Les entends-tu jouer, en bas, l'air autrichien?

FLAMBEAU, ramenant les bouts du foulard pour terminer le paquet.

Ça ne vaut pas la *Marseillaise*, nom d'un chien!

LE DUC.

La Marseillaise!...—Eh! bien! les bouts, tu les attaches?—
Oui, mon père disait: " Cet air a des moustaches!"

FLAMBEAU, nouant et serrant.

Il a des favoris, leur air national!

LE DUC, passant dans le paquet une badine qu'il vient de prendre
sur la table, et la mettant sur son épaule.

Rentrer en France, à pied, ce ne serait pas mal,
Avec son baluchon, comme ça, sur l'épaule!

(Il remonte vers sa chambre, d'un petit air crâne de conscrit, le
paquet bleu se balançant derrière lui.)

FLAMBEAU, le suivant des yeux, brusquement attendri.

Que vous êtes gentil et que vous êtes drôle!
—C'est la première fois que je vous vois ainsi.

LE DUC, qui va entrer dans sa chambre, se retourne.

Un peu jeune? un peu gai?... C'est vrai, Flambeau!

(Et avec émotion.)

Merci!

Rideau.

ACTE III

LES AILES QUI S'OUVRENT

ACTE III

LES AILES QUI S'OUVRENT

Le même décor.

La fenêtre est toujours ouverte sur le parc. Mais la coloration du parc a changé avec l'heure. Ce sont maintenant les somptueuses teintes de la fin de jour. La Gloriette est en or.

On a repoussé la table chargée de livres vers la droite pour laisser un grand espace libre. On a apporté, non pas un trône, mais une vaste bergère, pour que le vieil Empereur y soit à la fois majestueux et paternel...

Au lever du rideau, les gens que doit recevoir l'Empereur ont été introduits. Ils attendent, debout, causant à voix basse. Chacun tient à la main un petit papier où sa demande est écrite. Bourgeois endimanchés, veuves de militaires en deuil. Paysans et paysannes venus de tous les coins de l'Empire : Bohémiens, Tyroliens, etc... Bariolage de costumes nationaux.

Des arcières, un peu pareils à des suisses d'église (habit rouge galonné, parements et ceinturon de velours noir, culotte blanche, hautes bottes, bicorne à demi recouvert d'une retombée de plumes de coq) sont immobiles aux portes de droite. Un garde-noble hongrois va et vient faisant des effets de pelisse.

Il refoule tout le monde vers le fond, devant la fenêtre et à gauche, contre les portes fermées de la chambre du Duc.

SCÈNE PREMIÈRE

Un GARDE-NOBLE, des ARCIÈRES, des PAY-
SANS, des BOURGEOIS, des FEMMES, des
ENFANTS, etc..., puis L'EMPEREUR FRANZ.

LE GARDE-NOBLE.

Rangez-vous !—Chut, le vieux !—Toi, le petit, sois sage !
(Il montre la porte du second plan, à droite.)
L'Empereur vient par là.—Laissez-lui le passage !
—Le géant montagnard, ne râclez pas vos pieds !

UN HOMME, timidement.

Il passe devant nous ?

LE GARDE-NOBLE.

En prenant les papiers.
—Tenez bien vos petits papiers en évidence !
(Tous les petits papiers palpitent au bout des doigts.)
Ne lui racontez pas d'histoires !
(Tout le monde est rangé. Il va se placer près de la table,—puis se rappe-
lant une recommandation à faire.)
Ah !... défense
De se mettre à genoux, quand il entre !

UNE FEMME, à part.

Défends !
Ça n'empêchera pas...
(La porte s'ouvre. L'Empereur paraît. Tout le monde se met à genoux.)

L'EMPEREUR, très simplement.

Levez-vous, mes enfants.
(Il descend. Les petits papiers palpitent de plus en plus. Il a sa longue
tête triste des portraits. Mais un grand air de bonté. Il est vêtu, avec une bon-
homie voulue, du costume bourgeois qu'il affectionne : redingote de drap gris
s'ouvrant sur un gilet paille ; culotte de drap gris entrant dans des bottes. Il
prend la supplique que lui tend une femme, la lit, et la passe au chambellan
qui le suit, en disant :)
La pension doublée.

LA FEMME, se prosternant.

Ah ! Sire !

L'EMPEREUR, après avoir lu la supplique que lui tend un paysan.

Hé ! hé ! la paire

TROISIEME ACTE

De bœufs ! diable ! c'est cher !...

(Il passe le papier au chambellan en disant :)

Accordé !

LE PAYSAN, avec effusion.

Notre père !

L'EMPEREUR, passant au chambellan la supplique d'une paysanne, qu'il vient de lire.

Accordé !

LA PAYSANNE, le bénissant.

Père Franz !...

L'EMPEREUR, s'arrêtant devant un pauvre homme qu'il reconnaît.

Encor toi ?... Ça va bien

A la maison ?

L'HOMME, tournant son bonnet dans ses mains.

Pas mal.

L'EMPEREUR, après avoir passé la petition au chambellan, arrive devant une vieille villageoise.

Eh bien ? la vieille, eh bien ?

LA VIEILLE, pendant que l'Empereur lit sa supplique.

Oui, tu comprends, le vent a fait mourir les poules...

L'EMPEREUR, passant la supplique.

Allons, soit !...

(Il prend un autre papier que lui tend un Tyrolien et, après avoir lu.)

Un chanteur ?...

LE TYROLIEN,

Je sais iouler.

L'EMPEREUR, souriant.

Tu ioules ?

—Viens à Baden, demain, chanter chez nous.

LE CHAMBELLAN, annotant la supplique que lui passe l'Empereur.

Le nom ?

LE TYROLIEN, vivement,

Schnauser.

L'EMPEREUR, arrêté devant un grand gaillard aux jambes nues.

Un montagnard ?

LE MONTAGNARD.

Là-bas, à l'horizon

J'habite le mont bleu qui jusqu'au ciel s'élève :
Être cocher de fiacre, à Vienne, c'est mon rêve.

L'EMPEREUR, haussant les épaules.

Allons ! tu le seras !...

(Il passe la supplique au chambellan, et prends
des mains d'un fermier cossu la suivante,
qu'il lit à mi-voix.)

Un grand cultivateur
Voudrait que Franz lui fît restituer le cœur
De sa fille, que prit un verrier de Bohême...

(Lui rendant son placet.)

—Tu marieras ta fille au Bohémien qu'elle aime.

LE FERMIER, désappointé.

Mais...

L'EMPEREUR.

Je le doterai.

(La figure du fermier s'éclaire.)

LE CHAMBELLAN, prenant note.

Le nom ?

LE FERMIER, vivement.

Johannès Schmoll.

(Se courbant devant l'Empereur.)

Je te baise les mains !

L'EMPEREUR, lisant le papier qu'il a pris des mains d'un jeune berger profonde-
ment incliné et enveloppé d'un grand manteau.

Un pâtre du Tyrol,
Orphelin, sans appui, dépouillé de sa terre,
Chassé par des bergers ennemis de son père,
Voudrait revoir ses bois et son ciel... —Très touchant !
Et le champ paternel !... On lui rendra son champ.

(Il passe la supplique au chambellan qui l'annote.)

LE CHAMBELLAN.

Le nom de ce berger qui demande assistance ?

LE PATRE, se redressant.

C'est le duc de Reichstadt, et le champ, c'est la France !

(Il jette son manteau et l'uniforme blanc apparaît. Mouvement. Silence
effrayé.)

L'EMPEREUR, d'une voix brève.

Sortez tous.

(Les officiers font rapidement sortir tout le monde. Les portes se refer-
ment. Le grand-père et le petit-fils sont seuls.)

SCÈNE II

L'EMPEREUR, LE DUC

L'EMPEREUR, d'une voix qui tremble de colère.
Qu'est ceci ?

LE DUC, immobile et tenant encore à la main son petit chapeau de montagnard.
Donc, si je n'étais rien,
Sire, vous le voyez, qu'un pauvre Tyrolien,
N'ayant pour attirer vos yeux, chasseur ou pâtre,
Qu'une plume de coq à son feutre verdâtre,
Vous vous seriez penché sur mon cœur ébloui.

L'EMPEREUR.
Mais, Franz !...

LE DUC.
Ah ! je comprends que tous vos sujets,—oui,
Que tous les malheureux,—toujours, puissent se dire
Vos fils autant que nous ! Mais est-il juste, Sire,
Est-il juste que moi, quand je suis malheureux,
Je sois moins votre fils que le moindre d'entre eux ?

L'EMPEREUR, avec humeur.
Mais pourquoi donc—il faut, Monsieur, que je vous
gronde !—
Là, quand je m'occupais de tout ce pauvre monde,
M'être venu parler, et non pas en secret ?

LE DUC.
Pour vous prendre au moment où votre cœur s'ouvrait.

L'EMPEREUR, bourru, se jetant dans le fauteuil.
Mon cœur !... mon cœur !... Sais-tu que ton audace est
grande ?

LE DUC.
Je sais que vous pouvez ce que je vous demande,
Que je suis malheureux, que je me sens à bout,
Et que vous êtes mon grand-père, voilà tout !

L'EMPEREUR, s'agitant.
Mais il y a l'Europe !—Il y a l'Angleterre !—
Il y a Metternich !

LE DUC.
Vous êtes mon grand-père.

L'EMPEREUR.

Mais vous ne savez pas quelle difficulté !...

LE DUC.

Je suis le petit-fils de Votre Majesté.

L'EMPEREUR.

Mais...

LE DUC, se rapprochant.

Sire, vous avez, Sire, en qui seul j'espère,
Bien le droit d'être un peu grand-père ?...

L'EMPEREUR, plus faiblement.

Mais...

LE DUC, plus près.

Grand-père,

Tu peux bien un moment ne pas être empereur ?

L'EMPEREUR.

Ah !... vous avez été toujours un enjôleur !

LE DUC.

Je ne vous aime pas, d'abord, lorsque vous êtes
Comme dans le portrait de la Salle des Fêtes,
Avec le grand manteau, la Toison d'or au cou !

(Il se rapproche encore.)

Mais comme ça, tenez, vous me plaisez beaucoup.
Avec le doux argent de tes cheveux, qui flotte,
Tes bons yeux, ton gilet, ta longue redingote,
Tu n'as l'air que d'un simple aïeul, en vérité,
—Par lequel on pourrait être gâté !...

L'EMPEREUR, bougonnant.

Gâté !

LE DUC, s'agenouillant aux pieds du vieil empereur.

Ne peux-tu te passer de voir Louis-Philippe,
Sur les écus français faire toujours sa lippe ?

L'EMPEREUR, ne voulant pas sourire.

Chut !... chut !

LE DUC.

Adores-tu ces gros Bourbons caducs ?

L'EMPEREUR, lui caressant les cheveux, pensivement.

Vous ne ressemblez pas aux autres archiducs !

TROISIEME ACTE

LE DUC.

Tu crois ?

L'EMPEREUR.

D'où tenez-vous l'art des gamineries ?

LE DUC.

Mais c'est d'avoir joué, petit, aux Tuileries.

L'EMPEREUR, le menaçant du doigt.

Ah ! vous y revenez ?

LE DUC.

J'y voudrais revenir.

L'EMPEREUR, fixant gravement l'enfant agenouillé.

En avez-vous gardé, vraiment, le souvenir ?

LE DUC.

Vague...

L'EMPEREUR, après une seconde d'hésitation.

Et de votre père ?

LE DUC, fermant les yeux.

Il me souvient d'un homme
Qui me serrait, très fort,—sur une étoile.   Et comme
Il serrait, je sentais, en pleurant de frayeur,
L'étoile en diamants qui m'entrait dans le cœur.

(Il se lève et fièrement.)

—Sire, elle y est restée.

L'EMPEREUR, lui tendant la main.

Est-ce que je t'en blâme ?

LE DUC, avec chaleur.

Oui, oui, laissez parler la bonté de votre âme !
Lorsque j'étais petit, vous m'aimiez, n'est-ce pas ?
Vous vouliez avec moi prendre tous vos repas.
Nous dînions tous les deux, tout seuls...

L'EMPEREUR, rêvant.

C'était un charme !

LE DUC.

J'avais de longs cheveux.   J'étais prince de Parme.

(Il s'assied sur le bras du fauteuil.)

Quand on me punissait, toi, tu me pardonnais !

L'EMPEREUR, souriant.

Et te rappelles-tu ton horreur des poneys ?

LE DUC.

Un jour qu'on m'en montrait un blanc comme la neige,
Je trépignais de rage au milieu du manège.

L'EMPEREUR, riant.

Dame ! un poney pour toi, tu prenais ça très mal !

LE DUC.

Furieux, je criais : " Je veux un grand cheval ! "

L'EMPEREUR, secouant la tête.

Et c'est un grand cheval, encor, que tu demandes !

LE DUC.

Et lorsque je battais mes bonnes allemandes !

L'EMPEREUR, entraîné par ces souvenirs.

Et lorsqu'avec Colin, vous creusiez, sans façon,
Des grands trous dans mon parc...

LE DUC.

On faisait Robinson.

L'EMPEREUR, grossissant sa voix.

C'était vous, Robinson !

LE DUC.

J'entrais dans ces cachettes,
Et j'avais un fusil, deux arcs et trois hachettes !

L'EMPEREUR, s'animant de plus en plus.

Puis, tu montais le garde à ma porte !...

LE DUC.

En hussard !

L'EMPEREUR.

Et les dames, chez moi, n'entraient plus qu'en retard,
Et trouvaient cette excuse, en entrant, naturelle :
" Pardon, Sire, mais j'embrassais la sentinelle ! "

LE DUC.

Tu m'aimais bien.

L'EMPEREUR, l'entourant de ses bras.

Je t'aime encor !

LE DUC, se laissant glisser sur les genoux de son grand-père.

Prouve-le-moi !

L'EMPEREUR, tout à fait attendri.

Mon petit-fils, mon Franz !

LE DUC.

Est-il vrai que le roi,
Si moi je paraissais, n'aurait qu'à disparaître ?

L'EMPEREUR.

Mais...

LE DUC.

Dis la vérité !

L'EMPEREUR.

Je...

LE DUC, lui mettant un doigt sur les lèvres.

Ne mens pas !

L'EMPEREUR.

Peut-être !

LE DUC, l'embrassant avec un cri de joie.

Ah ! je t'aime !

L'EMPEREUR, conquis et oubliant tout.

Eh bien ! oui, sur le pont de Strasbourg.
Si toi tu paraissais, tout seul, sans un tambour,
C'en serait fait du roi !

LE DUC, l'embrassant encore plus fort.

Je t'adore, grand-père !

L'EMPEREUR.

Mais tu m'étouffes !

LE DUC.

Non !

L'EMPEREUR, riant et se débattant.

J'aurais bien dû me taire !

LE DUC, très sérieusement.

D'ailleurs le vent de Vienne est mauvais pour ma toux.
On m'ordonne Paris.

L'EMPEREUR.

Vraiment ?

LE DUC.

L'air est plus doux.
Et s'il faut qu'à Paris pour moi la saison s'ouvre,
Je ne peux pourtant pas descendre ailleurs qu'au Louvre.

L'EMPEREUR.

Ah! bah!

LE DUC.

Si tu voulais!

L'EMPEREUR, très tenté.

Certes, on nous proposa
Souvent de vous laisser enfuir!...

LE DUC, vivement.

Oh! fais donc ça!

L'EMPEREUR.

Mon Dieu! je voudrais bien...

LE DUC.

Tu peux!

L'EMPEREUR.

Ce qui m'arrête...

LE DUC.

N'ayez pas des pensers de derrière la tête.
Ayez des sentiments, là, de devant le cœur.
Ce serait si joli qu'un jour un empereur
Pour gâter son enfant bouleversât l'histoire ;
Et puis c'est quelque chose, et c'est un peu de gloire,
De pouvoir quelquefois,—sans avoir l'air, tu sais,—
Dire : " Mon petit-fils, l'empereur des Français!"

L'EMPEREUR, de plus en plus charmé.

Certes!

LE DUC, impétueusement.

Tu le diras! Dis que tu vas le dire !

L'EMPEREUR, avec une dernière hésitation.

Eh bien! mais...

LE DUC, suppliant.

Sire!

L'EMPEREUR, ne résistant plus et lui ouvrant les bras.

Oui, sire!

LE DUC, avec un cri de joie.

Ah! sire!

L'EMPEREUR.

Sire!

LE DUC.

Sire!

(Ils sont dans les bras l'un de l'autre, pleurant et riant à la fois. La porte s'ouvre. Metternich paraît. Il est en grand costume : habit vert chamarré d'or, culotte courte et bas blancs ; la Toison d'or jaillit de sa cravate. Il reste immobile une seconde, contemplant d'un œil de ministre ce tableau de famille.)

L'EMPEREUR, l'aperçoit et vivement au duc.

Metternich !...

(Le grand-père et le petit-fils se séparent, comme pris en faute.)

SCÈNE III

L'EMPEREUR, LE DUC, METTERNICH

L'EMPEREUR, peu rassuré, au duc.

Ne crains rien.

(Il se lève et, posant sa main sur la tête du prince qui est resté à genoux, il dit à Metternich d'une voix qu'il essaye de rendre ferme.)

Je veux...

LE DUC, à part.

Tout est perdu !

L'EMPEREUR, avec beaucoup de force et de majesté.

Je veux que cet enfant règne.

METTERNICH, s'inclinant profondément.

C'est entendu.

(Se tournant vers le duc.)

Avec vos partisans, Prince, je vais me mettre
En rapport...

LE DUC, étonné.

Je craignais...

L'EMPEREUR, un peu étonné aussi, mais se redressant fièrement.

Quoi donc ?... C'est moi le maître !

LE DUC, gaiement, prenant le bras de son grand-père.

Qui vas-tu m'envoyer, dis, comme ambassadeur ?

METTERNICH, descendant.

...Entendu !...

L'EMPEREUR, au duc, lui donnant une tape sur la joue.

Tu viendras me voir, en empereur ?

LE DUC, avec importance.

Oui, peut-être,—quand mes Chambres seront sorties !

METTERNICH, immobile près de la table, à droite.

Nous ne demanderons que quelques garanties.

LE DUC, rayonnant.

Tout ce que vous voudrez !

L'EMPEREUR, qui s'est rassis.

Es-tu content ?

(Le duc lui baise la main.)

METTERNICH, négligemment.

D'abord,

Sur des points de détail nous nous mettrons d'accord.
Je crois que vous aurez des groupes à dissoudre...
Nous craignons les voisins qui cultivent la foudre.

LE DUC, qui écoute à peine, à l'Empereur.

Cher grand-père !

METTERNICH.

Ah ! et puis... dame ! on nous ennuyait
Un peu beaucoup, avec les héros de Juillet !

LE DUC, dressant l'oreille.

Mais...

METTERNICH, continuant froidement.

Le libéralisme et le bonapartisme
Se tenant... il faudra couper le petit isthme ;
Craindre l'esprit nouveau, dangereux et brillant...
Expulser Lamennais...

LE DUC, s'éloignant d'un pas de son grand père.

Mais...

METTERNICH, impassible.

Et Chateaubriand.

Ah ! et puis... se résoudre à museler la presse...

LE DUC.

Oh ! ça ne presse pas...

L'EMPEREUR.

Mais si, mais si, ça presse !

LE DUC, reculant encore d'un pas.

J'en demande pardon à Votre Majesté,
Mais c'est blesser la Liberté.

L'EMPEREUR, choqué.

La Liberté...

122

METTERNICH.

Ah ! et puis... nous laisser opérer à Bologne.
Ah ! et puis... se calmer un peu sur la Pologne.

LE DUC, le regardant.

Ah !... et puis ?

METTERNICH.

Eh bien ! mais, nous solutionnons
La question des noms... vous savez bien, les noms
Des batailles,

(S'inclinant d'un air de condoléance vers l'Empereur.)

...mon Dieu, Sire, que vous perdîtes !—
Il faudra les ôter aux maréchaux.

LE DUC, avec hauteur.

Vous dites ?

L'EMPEREUR, conciliant.

Oh ! peut-être...

METTERNICH, sèchement.

Pardon, mais ces gens-là sont fous
De se croire seigneurs de lieux qui sont à vous,
Et vous n'approuvez pas cette façon, je pense,
D'emporter, dans leurs noms, nos villages en France !

LE DUC.

Ah ! grand-père ! grand-père !

(Il est maintenant tout à fait loin de l'empereur.)

L'EMPEREUR, baissant la tête.

Il est bien évident...

LE DUC, douloureusement.

Nous étions dans les bras l'un de l'autre, pourtant !

(Et se tournant vers Metternich.)

Avez-vous quelque chose à demander encore ?

METTERNICH, tranquillement.

Oui.   La suppression du drapeau tricolore.

LE DUC.

(Un silence. Le duc fait lentement quelques pas et s'arrête devant
Metternich.)

Votre Excellence veut que lavant ce drapeau
Plein de sang dans le bas, et de ciel dans le haut,
—Puisque le bas trempa dans une horreur féconde,
Et que le haut baigna dans les espoirs du monde,—

123

Votre Excellence veut, n'est-ce pas ? qu'effaçant
Cette tache de ciel, cette tache de sang,
Et n'ayant plus aux mains qu'un linge sans mémoire,
J'offre à la Liberté ce linceul dérisoire ?

L'EMPEREUR, avec colère.

Encor la Liberté !

LE DUC.

J'y suis apparenté
Du côté paternel, sire, à la Liberté !

METTERNICH, ricanant.

Oui, le duc pour grand-père a le Dix-huit Brumaire !

LE DUC.

La Révolution française pour grand'mère !

L'EMPEREUR, debout.

Malheureux !

METTERNICH, triomphant.

L'empereur républicain !... Voilà
L'utopie !... Attaquer la *Marseillaise* en *la*
Sur les cuivres, pendant que la flûte soupire
En *mi bémol : Veillons au salut de l'Empire !*

LE DUC.

On peut très bien jouer ces deux airs à la fois,
Et cela fait un air qui fait sauver les rois !

L'EMPEREUR, hors de lui.

Comment là, devant moi, vous osez dire ?... Il ose !

LE DUC.

Ah ! je sais maintenant ce que l'on me propose !

L'EMPEREUR.

Mais qu'a-t-il aujourd'hui ? d'où lui vient cet accès ?...

LE DUC.

C'est d'être un archiduc sur le trône français !

L'EMPEREUR, levant au ciel des mains tremblantes.

Qu'a-t-il lu ? qu'a-t-il vu ?... cet oubli des principes !...

LE DUC.

J'ai vu des coquetiers, des mouchoirs et des pipes !

L'EMPEREUR.

Il est fou !—Les propos que le duc tient sont fous !

124

TROISIEME ACTE

LE DUC.

Fou d'avoir pu penser à revenir par vous !

METTERNICH.

Mais ce retour, c'est Votre Altesse qui l'empêche !

LE DUC.

Certe, au lieu des fourgons, vous m'offrez la calèche !

L'EMPEREUR.

Non ! nous n'offrons plus rien !

LE DUC, les bras croisés.

La cage ?

L'EMPEREUR.

C'est selon.

LE DUC.

Vous n'empêcherez pas que je ne sois l'Aiglon !

L'EMPEREUR.

Mais l'aigle des Habsbourgs a des aiglons sans nombre,
Et vous en êtes un, voilà tout !

LE DUC.

Aigle sombre,
Triste oiseau bicéphale au cruel œil d'ennui,
Aigle de la maison d'Autriche, aigle de nuit,
Un grand aigle de jour a passé dans ton aire,
Et tout ébouriffé de peur et de colère,
Tu vois, vieil aigle noir, n'osant y croire encor,
Sur un de tes aiglons pousser des plumes d'or !

L'EMPEREUR.

Moi qui m'attendrissais, je regrette mes larmes !

(Il regarde autour de lui.)

On va vous enlever ces livres et ces armes !...

(Appelant.)

Dietrichstein ?

METTERNICH.

Il n'est pas au palais.

(Le jour diminue. Le parc devient violet. Derrière la Gloriette le ciel
est rouge.)

L'EMPEREUR.

Ah ! je veux

125

Supprimer tout ce qui—pauvre enfant trop nerveux !—
Vous rappellerait trop de quel père vous êtes...

LE DUC, montrant le parc.

Eh bien ! arrachez donc toutes les violettes,
Et chassez toutes les abeilles de ce parc !

L'EMPEREUR, à Metternich.

Changez tous les valets !

METTERNICH.

Je renvoie Otto, Mark,
Hermann, Albrecht, Gottlieb !

LE DUC, lui montrant, par la fenêtre ouverte, l'étoile du soir qui
vient de s'allumer.

Fermez la persienne :
Cette étoile pourrait me parler de la sienne !

L'EMPEREUR.

Je veux, pour Dietrichstein, tout de suite, signer
Un nouveau réglement.

(A Metternich.)

Ecrivez !

METTERNICH, s'asseyant à la table et cherchant des yeux
de quoi écrire.

L'encrier ?

LE DUC.

Sur la table, le mien ;—je permets qu'on s'en serve.

METTERNICH.

Où donc ?... je ne vois pas...

LE DUC.

La tête de Minerve.

En bronze et marbre vert.

METTERNICH, regardant partout.

Je ne vois rien.

LE DUC, désignant la console de droite, sur laquelle il n'y a rien.

Alors,

Prenez l'autre, là-bas, dont s'allument les ors
Dans le grand nécessaire...

METTERNICH, effaré, passant la main sur le marbre de la console.

Où ?

L'EMPEREUR, regardant le duc avec inquiétude.

Quels encriers ?

LE DUC, immobile, les yeux fixes.

Sire,

Ceux que mon père m'a laissés !

L'EMPEREUR, tressaillant.

Que veux-tu dire ?

LE DUC.

Oui... par son testament !...

(Il désigne encore un coin de la console sur lequel il n'y a rien.)

Et là, les pistolets,
Les quatre pistolets de Versaille,—ôtez-les !

L'EMPEREUR, frappant sur la table.

Ah ! ça !

LE DUC.

Ne frappez pas la table avec colère :
Vous avez fait tomber le glaive consulaire !

L'EMPEREUR, avec effroi, regardant autour de lui.

Je ne vois pas tous ces objets...

LE DUC.

Ils sont présents !
—" Pour remettre à mon fils lorsqu'il aura seize ans ! "
On ne m'a rien remis !... mais malgré l'ordre infâme
Qui les retient au loin, je les ai : j'ai leur âme...
L'âme de chaque croix et de chaque bijou !
Et tout est là : j'ai les trois boîtes d'acajou,
J'ai tous les éperons, toutes les tabatières,
Les boucles des souliers, celles des jarretières ;
J'ai tout, l'épée en fer et l'épée en vermeil,
Et celle dans laquelle un immortel soleil
A laissé tous ses feux emprisonnés, de sorte
Qu'on craint, en la tirant, que le soleil ne sorte !
J'ai là les ceinturons, je les ai tous les six...

(Et sa main indique, à droite, à gauche, dans la pièce, à des places vides, les invisibles objets.)

L'EMPEREUR, épouvanté.

Taisez-vous ! taisez-vous !

LE DUC.

" Pour remettre à mon fils

Lorsqu'il aura seize ans !"—Père, il faut que tu dormes
Tranquille, car j'ai tout,—même tes uniformes !
Oui, j'ai l'air de porter un uniforme blanc.
Eh bien ! ce n'est pas vrai, c'est faux : je fais semblant !

(Il frappe sur sa poitrine, sur ses épaules, sur ses bras.)

Tu vois bien que c'est bleu, que c'est rouge,—regarde !
Colonel ?... Allons donc !... lieutenant dans ta Garde !
Je bois aux trois flacons que portaient vos chasseurs !
Père qui m'a donné les Victoires pour sœurs,
Vous n'aurez pas en vain désiré que je l'eusse
Le réveille-matin de Frédéric de Prusse,
Qu'à Potsdam vous avez superbement volé !
Il est là !—son tic-tac, c'est ma fièvre !—je l'ai !
Et c'est, chaque matin, c'est lui qui me réveille,
Et m'envoie, épuisé du travail de la veille,
Travailler à ma table étroite, travailler,
Pour être chaque soir plus digne de régner !

L'EMPEREUR, suffoquant.

De régner !... de régner !... n'ayez plus l'espérance
Qu'un fils de parvenu puisse régner en France,
Après nous avoir pris dans notre sang de quoi
Avoir un peu plus l'air que son père d'un roi !

LE DUC, blême.

Mais à Dresde, pardon, vous savez bien, j'espère,
Que vous aviez tous l'air des laquais de mon père.

L'EMPEREUR, indigné.

De ce soldat ?

LE DUC.

Pour peu qu'il la leur demandât,
Les empereurs donnaient leur fille à ce soldat !

L'EMPEREUR, avec les gestes de quelqu'un qui chasse un cauchemar.

C'est possible !—Je ne sais plus !—Ma fille est veuve !

LE DUC, se dressant devant lui, d'une voix terrible.

Quel malheur que je sois encor là, moi, la preuve !

(Ils sont face à face, se regardant avec des yeux ennemis.)

L'EMPEREUR, reculant tout d'un coup, avec un cri de regret.

Oh ! Franz ! nous nous aimions pourtant, te souviens-tu ?

128

LE DUC, sauvagement.

Non! non! Si je suis là, c'est qu'on vous a battu!
Vous ne pouvez avoir pour moi que de la haine,
Puisque je suis Wagram vivant qui se promène!

(Et il marche à travers la pièce, comme un fou.)

L'EMPEREUR.

Allez-vous-en! Sortez!...

(Le duc se précipite sur la porte de sa
chambre, la pousse, disparaît.)

SCÈNE IV

L'EMPEREUR, METTERNICH

L'EMPEREUR, retombant assis.

Cet enfant que j'aimais!

METTERNICH, froidement.

Eh bien! montera-t-il sur le trône!

L'EMPEREUR.

Jamais.

, METTERNICH.

Comprenez-vous ce que sans moi vous alliez faire?

L'EMPEREUR.

L'avez-vous entendu répondre à son grand-père?

METTERNICH.

Il faudrait le dompter!

L'EMPEREUR.

Dans son propre intérêt!

METTERNICH.

...Votre repos.. la paix du monde...

L'EMPEREUR.

Il le faudrait!

METTERNICH.

Moi, je viendrai ce soir lui parler.

L'EMPEREUR, d'une voix brisée de vieillard.

Quelle peine

Il me cause!...

9   129

METTERNICH, lui offrant son bras pour l'aider à se lever.

Venez...

L'EMPEREUR, qui maintenant marche courbé, appuyé sur sa canne...

Oui... ce soir...

METTERNICH.

Cette scène

Ne peut se reproduire !...

L'EMPEREUR.

Elle m'a fait du mal !

—Oh ! cet enfant...

METTERNICH, l'emmenant.

Venez...

(Ils sortent. On entend encore la voix de

L'EMPEREUR, qui répète, plaintive et machinale.)

...Cet enfant...

(Puis plus rien. La nuit est venue tout à fait. Le parc est profondément bleu. Le clair de lune s'est arrêté sur le balcon.)

SCÈNE V

LE DUC, seul.

(Il entr'ouvre tout doucement la porte de sa chambre. Il regarde si l'Empereur et Metternich sont partis. Il cache quelque chose derrière son dos. Il écoute un instant : le palais est silencieux ; par la fenêtre ouverte, il ne monte du parc qu'une fanfare affaiblie de retraite autrichienne, qui s'éloigne dans les arbres. Le duc découvre l'objet qu'il tient : c'est un des petits chapeaux de son père. Il descend, le portant religieusement, et, sur le coin de la table que couvre une grande carte d'Europe à demi déroulée, il le pose d'un geste décidé, en disant à mi-voix :)

Le signal !

(Les appels de trompettes achèvent de mourir au loin. Le duc rentre dans sa chambre. Derrière lui, le clair de lune envahit la pièce, installe son mystère, glisse jusqu'à la table que, soudain, il éclaire vivement. Alors, sur la blancheur éblouissante de la carte, le petit chapeau devient excessivement noir.)

SCÈNE VI

FLAMBEAU, puis un domestique et SEDLINSKY

FLAMBEAU, entrant à droite.

Voici l'heure.

(Il descend en regardant autour de lui.)

Signal ! y es-tu?... Hum !... Peut-être ?...

(Il répète solennellement, imitant les intonations du duc.)

"Flambeau, tu ne peux pas ne pas le reconnaître !"

(Il cherche.)

Est-ce en haut? est-ce en bas?—Est-ce noir? est-ce blanc?
—Est-ce grand ?... ou petit ?...

(En cherchant il arrive devant la table, aperçoit le chapeau, sursaute...)

Ah ! le...

(Et avec un sourire de ravissement,
faisant le salut militaire.)

Petit et grand !

(Il remonte vers la fenêtre.)

Mais la Comtesse, au fait, du fond du parc, me guigne,
Si le signal est là, je dois lui faire signe...

(Il a déjà tiré son mouchoir de sa poche pour l'agiter, mais il le rentre
vivement.)

Oh! non ! un drapeau blanc la fait se trouver mal !

UN DOMESTIQUE, traversant la pièce, une petite lampe à la main, et se dirigeant
vers l'appartement du duc.

La lampe de travail du duc...

FLAMBEAU, bondissant et la lui prenant des mains.

Mais, animal,

Elle file !... Il lui faut un peu de brise fraîche !...

(Il sort sur le balcon.)

On lève en l'air trois fois... On arrange la mèche...

(Il tourne soigneusement la petite clef, et rend la lampe au domestique.)

Et ça va !... comprends-tu ?

LE DOMESTIQUE, s'éloignant en haussant les épaules.

Ce n'est pas malin ?

FLAMBEAU.

Si.

(Le domestique entre chez le duc. Flambeau redescend en se frottant les mains, et, s'arrêtant devant le petit chapeau, lui dit avec une respectueuse familiarité.)

Tout sera prêt demain !

SEDLINSKY, entrant par la porte du fond, à droite.

Le duc ?

FLAMBEAU, lui montrant la chambre de gauche.

Là.

SEDLINSKY.

Veille ici.

—Poste de confiance.

FLAMBEAU.

Oui, oui.

SEDLINSKY.

Montre-t'en digne.
(Il le regarde.)

C'est toi le Piémontais ?

(Flambeau fait signe que oui.)

Tu connais la consigne ?

FLAMBEAU.

Être là, chaque nuit.—J'y suis.

SEDLINSKY.

Et que fais-tu ?

FLAMBEAU.

Dès que dans le château de Schœnbrunn tout s'est tu,
(Il montre les portes de droite.)

Je donne un double tour de clef à ces deux portes.
Je retire les clefs.

SEDLINSKY.

Bon.—Ces clefs, tu les portes

Toujours sur toi ?

FLAMBEAU.

Toujours.

SEDLINSKY.

Et tu ne dors ?...

FLAMBEAU.

Jamais.

132

TROISIEME ACTE

SEDLINSKY.

Et tu montes la garde ?...

FLAMBEAU, montrant le seuil de la chambre du prince.

A cette place.

(Le domestique est ressorti de chez le duc et s'en est allé par la droite.)

SEDLINSKY.

Mais

C'est l'heure.   Ferme.

FLAMBEAU, allant fermer à clef la porte du premier plan.

On ferme!

SEDLINSKY.

Ote les clefs.

FLAMBEAU, retirant la clef et la mettant dans sa poche.

On ôte!

SEDLINSKY, sortant par la porte du second plan pour laisser Flambeau s'enfermer.

Nul, hormis l'Empereur, n'a ces clefs!—Pas de faute!
Veille!

FLAMBEAU, refermant la porte sur lui, à double tour, avec un sourire.

Comme toujours!

SCÈNE VI

FLAMBEAU, seul.

(Il retire la clef de la seconde porte comme de la première, l'empoche ;—puis vivement et silencieusement, aux deux portes, rabat d'un coup de pouce la petite pièce de cuivre qui couvre l'entrée de la clef, en disant tout bas.)

Et baissons pour la nuit

Les paupières des trous de serrure,—sans bruit!

(Sûr de ne pas être guetté par là, il prête l'oreille une seconde, et se met à déboutonner son habit de livrée.)

LA VOIX DE SEDLINSKY, à travers la porte.

Bonsoir, le Piémontais!

FLAMBEAU, tressaille et recroise d'un mouvement instinctif sa livrée qui commençait à s'ouvrir. Mais un coup d'œil vers les portes bien closes le rassure, et, haussant les épaules, il répond flegmatiquement, en retirant sa livrée qu'il plie et pose par terre, dans un coin.

Bonsoir, Monsieur le comte!

(Il apparaît, déjà moins gros, dans son gilet de livrée, en panne galonnée, à manches. Et il se met en devoir de déboutonner ce gilet.)

188

LA VOIX DE SEDLINSKY.

Et maintenant, monte la garde!

FLAMBEAU, superbement, en retirant d'un coup le gilet qui le grossissait encore.

Je la monte!

(Il apparaît, maigre et nerveux, sanglé dans son vieux frac bleu de grenadier ; les basques, relevées par derrière sous le gilet, retombent ; la silhouette se trouve complétée par la blancheur de la culotte et des bas de forée.)

LA VOIX DE SEDLINSKY, s'éloignant.

Allons! C'est bien! bonsoir!

FLAMBEAU, avec un petit salut ironique de la main vers la porte fermée.

Bonsoir!...

(Il grandit d'une coudée, défripe en deux tapes son uniforme, étire ses bras chevronnés, remonte les épaulettes aplaties ; passe dans ses cheveux coiffés et poudrés le gros peigne de ses doigts écartés pour les relever en héroïque broussaille ; marche vers la console de gauche, saisit parmi les souvenirs qui l'encombrent le sabre-briquet qu'il passe, le bonnet à poil qu'il coiffe, le fusil qu'il fait sauter dans sa main ; s'arrête une seconde devant la haute psyché pour rabattre ses moustaches à la grenadière, gagne en deux enjambées la porte du prince, tombe au port d'armes...)

Et c'est ainsi

Que soudain redressé, délarbiné, minci,
Enfermé jusqu'à l'aube, impossible à surprendre,
Fronçant sous son bonnet son gros sourcil de cendre,
Se tenant dans son vieil uniforme bien droit,
—L'arme au bras, et la main contre le téton droit,
Dans la position fixe et réglementaire,—
Gardant le fils ainsi qu'il a gardé le père,
—C'est ainsi que debout, chaque nuit, sur ton seuil,
Se donnant à lui-même un mot d'ordre d'orgueil,
Fier de faire une chose énorme et goguenarde,
Un grenadier français monte, à Schœnbrunn, la garde!

(Il se met à se promener de long en large, dans le clair de lune, comme un factionnaire.)

C'est la dernière fois.

(Avec un coup d'œil vers la chambre du prince.)

Tu ne l'auras pas su.—
C'est pour moi seul. C'est du vrai luxe,—inaperçu!

(Il s'arrête, l'œil jubilant.)

S'offrir un pareil coup pour n'éblouir personne,
Mais pour se dire, à soi tout seul: "Elle est bien bonne!"

(Il reprend sa promenade.)

A leur barbe!—à Schœnbrunn!... Je me trouve insensé!...
Je suis content!... Je suis ravi!...

(On entend un bruit de clef dans
une serrure, à droite.)

Je suis pincé!

SCÈNE VII

FLAMBEAU, METTERNICH

FLAMBEAU, bondissant hors du clair de lune et se réfugiant dans l'angle sombre,
au fond, à gauche.

Qui donc s'est procuré la clef ?

(La porte s'ouvre.)

METTERNICH, entre. Il a pris en traversant un des salons un lourd candélabre
d'argent tout allumé, dont il s'éclaire. Il referme la porte en disant d'un ton
résolu.

Non, cette scène

Ne se reproduira jamais!

FLAMBEAU, le reconnaissant, avec stupeur.

Népomucène!

METTERNICH, allant vers la table,—et bas, d'un air préoccupé.

Oui... ce soir... lui parler... sans témoin importun...

(Il pose le candélabre sur la table, et, en le posant, voit le petit chapeau.)

Tiens! je ne savais pas que le duc en eût un.

(Souriant.)

—Ah! c'est l'archiduchesse encor qui dut lui faire
Passer ce souvenir...

(S'adressant au chapeau.)

Te voilà,—Légendaire!

Il y avait longtemps que...

(Avec un petit salut protecteur.)

Bonjour!

(Ironiquement, comme si le chapeau s'était
permis de réclamer.)

Tu dis?... Hein?...

(Il lui fait signe qu'il est trop tard.)

—Non! Douze ans de splendeur me contemplent en vain
Du haut de ta petite et sombre pyramide:

Je n'ai plus peur.

(Il le touche du doigt et riant avec impertinence.)

Voici le bout de cuir solide
Par lequel on pouvait, sans trop te déformer,
T'enlever, tout le temps, pour se faire acclamer!
—Toi, dont il s'éventait après chaque conquête,
Toi, qui ne pouvais pas, de cette main distraite,
Tomber sans qu'aussitôt un roi te ramassât,
Tu n'es plus aujourd'hui qu'un décrochez-moi-ça,
Et si je te jetais, ce soir, par la croisée,
Où donc finirais-tu, vieux bicorne?

FLAMBEAU, dans l'ombre, à part.

Au Musée.

METTERNICH, tournant le chapeau dans ses mains.

Le voilà, ce fameux petit!... Comme il est laid!
On l'appelle, petit, d'abord, est-ce qu'il l'est?

(Haussant les épaules et de plus en plus rancunier.)

Non.—Il est grand. Très grand. Énorme. C'est en somme
Celui, pour se grandir, que porte un petit homme!...
—Car c'est d'un chapelier que la légende part:
Le vrai Napoléon, en somme...

Retournant le chapeau et l'approchant
de la lumière pour lire, au fond, le
nom du chapelier.)

c'est Poupart!

(Et tout d'un coup, quittant ce ton de persiflage.)

—Ah! ne crois pas pour toi que ma haine s'endorme!
Je t'ai haï, d'abord, à cause de ta forme,
Chauve-souris des champs de bataille! chapeau
Qui semblais fait avec deux ailes de corbeau!
A cause des façons implacables et nettes
Dont tu te découpais sur nos ciels de défaites,
Demi-disque semblant sur le coteau vermeil
L'orbe à demi-monté de quelque obscur soleil!
A cause de ta coiffe où le diable s'embusque,
Chapeau d'escamoteur qui posé, noir et brusque,
Sur un trône, une armée, un peuple entier debout,
Te relevais, ayant escamoté le tout!
A cause de ta morgue insupportable; à cause

De ta simplicité qui n'était qu'une pose,
De ta joie, au milieu des diadèmes d'or,
A n'être insolemment qu'un morceau de castor;
A cause de la main rageuse et volontaire
Qui t'arrachait parfois pour te lancer à terre;
De tous mes cauchemars que dix ans tu peuplas;
Des saluts que moi-même ai dû te faire, plats;
Et quand pour le flatter je cherchais l'épithète,
Des façons dont parfois tu restas sur sa tête!

(Et tous ces souvenirs lui remontant, il continue, dans une explosion de
haine clairvoyante.)

Vainqueur, neuf, acclamé, puissant, je t'ai haï,
Et je te hais encor vaincu, vieux et trahi!
Je te hais pour cette ombre altière et péremptoire
Que tu feras toujours sur le mur de l'histoire!
Et je te hais pour ta cocarde arrondissant
Son gros œil jacobin tout injecté de sang;
Pour toutes les rumeurs qu' de ta conque sortent,
Grand coquillage noir que les vagues rapportent,
Et dans lequel l'oreille écoute, en s'approchant,
Le bruit de mer que fait un grand peuple en marchant!
Pour cet orgueil français que tu rendis sans bornes,
Bicorne qui leur sert à nous faire les cornes!

(Il a rejeté le chapeau sur la table et penché maintenant sur lui :)

Et je te hais pour Béranger et pour Raffet,
Pour les chansons qu'on chante, et les dessins qu'on fait,
Et pour tous les rayons qu'on t'a cousus, dans l'île!
Je te hais! je te hais! et ne serai tranquille
Que lorsque ton triangle inélégant de drap,
Râpé de sa légende enfin, redeviendra
Ce qu'en France il n'aurait jamais dû cesser d'être:
Un chapeau de gendarme ou de garde champêtre!
Je te...

(Il s'arrête, saisi par le silence, l'heure, le lieu. Et avec un sourire un peu
troublé.)

Mais tout d'un coup... C'est drôle... Le présent
Imite le passé, parfois, en s'amusant...

(Passant la main sur son front.)

De te voir là comme une chose familière,

Cela m'a reporté de vingt ans en arrière;
Car c'était là, toujours, qu'il te posait ainsi
Lorsqu'il y a vingt ans il habitait ici!

(Il regarde autour de lui avec un frisson.)

C'était dans ce salon qu'on faisait antichambre;
C'était là qu'attendant qu'il sortît de sa chambre,
Princes, ducs, magyars, entassés dans un coin,
Fixaient sur toi des yeux humiliés, de loin,
Pareils à des lions respectant avec rage
Le chapeau du dompteur oublié dans la cage!

(Il s'éloigne un peu, malgré lui, en fixant ce petit chapeau dont le mystère
noir devient dramatique.)

Il te posait ainsi!... C'était comme aujourd'hui...
Des ......des papiers... On croirait que c'est lui
Qui vient de te jeter, en passant, sur la carte;
Qu'il est encore ici chez lui, ce Bonaparte!
Et qu'en me retournant je vais,—sur le seuil,—là,
Revoir le grenadier montant la garde...

(Il s'est retourné d'un mouvement naturel, et pousse un cri en voyant, debout
devant la porte du duc, Flambeau qui, d'un pas, est rentré dans le clair de lune.)

Ha!

(Un silence. Flambeau, immobile monte la garde. Ses moustaches et ses
buffleteries sont de neige. Les petits boutons à l'aigle étincellent sur sa poitrine.
Metternich recule, se frotte les yeux.)

—Non.—Non.—Non.—C'est un peu de fièvre, qui des-
sine!...
Mon tête-à-tête avec ce chapeau m'hallucine!...

(Il regarde, se rapproche. Flambeau est toujours immobile, dans la pose clas-
sique du grenadier au repos, les mains croisées sur le coude de la baïonnette qui
jette un éclair bleu.)

La lune, construit-elle un spectre de rayons?
Qu'est-ce que c'est que ça?... Voyons! voyons! voyons!

(Il marche sur Flambeau, et d'une voix brève.)

Oui...quel est le mauvais plaisant?

FLAMBEAU, croisant la baïonnette.

Qui va là?

METTERNICH, faisant un pas en arrière.

Diable!

TROISIEME ACTE

FLAMBEAU, froidement.

Passez au large!

METTERNICH, avec un rire un peu forcé, voulant approcher.

Oui…oui…la farce est impayable…
Mais…

FLAMBEAU, croisant la baïonnette.

Qui va là ?

METTERNICH, reculant.

Très drôle!

FLAMBEAU.

Un pas, vous êtes mort.

METTERNICH.

Mais…

FLAMBEAU.

Plus bas!

METTERNICH.

Permettez!

FLAMBEAU.

Plus bas!—L'Empereur dort.

METTERNICH.

Comment?

FLAMBEAU, mystérieusement.

Chut!

METTERNICH, furieux.

Mais je suis le chancelier d'Autriche!
Mais je suis tout! mais je peux tout!

FLAMBEAU.

Mais je m'en fiche!

METTERNICH, exaspéré.

Mais je veux voir le duc de Reichstadt, et…

FLAMBEAU.

Ah! ouat!

METTERNICH, n'en pouvant croire ses oreilles.

Comment: ah! ouat?

FLAMBEAU.

Reichstadt? Connaissons pas, Reichstadt!
D'Auerstaedt! d'Elchingen! c'est des ducs, c'est notoire;
Reichstadt, c'est pas un duc: c'est pas une victoire!

METTERNICH.

Mais on est à Schœnbrunn, voyons!

FLAMBEAU.

Si l'on y est?...

Grâce au nouveau succès, on y a son billet!
Et l'on s'y reprépare, avec des ratatouilles,
A ré-administrer au monde des tatouilles!

METTERNICH.

Quoi? comment? que dit-il? un nouveau succès?

FLAMBEAU.

Bœuf!

METTERNICH.

Mais nous sommes le dix juillet mil huit cent...

FLAMBEAU.

Neuf!

METTERNICH.

Je ne deviens pas fou!

FLAMBEAU, tout d'un coup descendant vers lui.

D'où sortez-vous?... C'est louche!

(Sévère.)

—Pourquoi n'êtes-vous pas encor dans votre couche?

METTERNICH, se redressant.

Moi?

FLAMBEAU, le toisant.

Qui donc a laissé passer cet Artaban?
Le Mameluck? Il a pris ça sous son turban?

METTERNICH.

Le Mameluck?

FLAMBEAU, scandalisé.

Alors, tout se démantibule?

METTERNICH.

Mais...

FLAMBEAU, n'en revenant pas.

Vous entrez, la nuit, dans le grand vestibule?

METTERNICH.

Mais je...

FLAMBEAU, de plus en plus stupéfait.

Vous franchissez le salon de Rosa
Sans voir le voltigeur que l'on y préposa?

TROISIEME ACTE

METTERNICH.

Le volt?...

FLAMBEAU.

Vous traversez la petite rotonde,
Sans qu'un pareil toupet, un yatagan le tonde?
Le salon blanc n'est pas de sous-offs habité
Qui, sur le poêle en or, font du punch et du thé?
Vous ne rencontrez pas quelques vieilles barbiches
Dans la pièce aux chevaux, dans la pièce aux potiches?
Et dans la galerie, alors, les brigadiers
Trouvent tout naturel que vous vous baladiez?

(Au comble de l'indignation.)

On peut donc traverser le cabinet ovale
Sans que le Maréchal du Palais vous avale?

METTERNICH, reculant sous cette abondance inquiétante de
détails précis.

Le maréchal?...

FLAMBEAU.

Ce dogue, alors, c'est un carlin?

METTERNICH.

Mais j'entre...

FLAMBEAU.

Ce palais, alors, c'est un moulin?
—Et quand vous arrivez au bout de l'enfilade,
Personne?.... Le portier d'appartement?... malade?
Et le valet de chambre?... absent?... Et le gardien
Du portefeuille?... où donc s'est-il mis?... dans le sien?

METTERNICH.

Mais...

FLAMBEAU.

Au lieu d'être là pour vous chercher des noises,
L'aide de camp de nuit, que fait-il?... des Viennoises?

METTERNICH.

Mais...

FLAMBEAU.

Et le moricaud de garde? il prie Allah?...
Eh bien! mais c'est encore heureux que je sois là!

141

—Quel service!... Oh! oh! oh! s'il y met sa lorgnette,
Je crois qu'il y aura *d'l'oignon, d'l'oignon, d'l'oignette!*

MÉTTERNICH, hors de lui, et voulant passer pour atteindre la poignée dorée
d'une sonnette, au mur.

Je vais...

FLAMBEAU, s'interposant, terrible.

Ne bougez pas! vous le réveilleriez!...

(Avec attendrissement.)

—Il dort sur son petit traversin de lauriers!

MÉTTERNICH, tombant assis dans un fauteuil, près de la table.

Ah! je raconterai ce rêve!... Il est épique!

(Il approche un doigt de la flamme d'une des bougies, et le retirant
vivement.)

Mais cette flamme...

FLAMBEAU.

Brûle!

MÉTTERNICH, tâtant la pointe de la baïonnette que Flambeau
ne cesse de lui présenter.

Et cette pointe...

FLAMBEAU.

Pique!

MÉTTERNICH, se relevant d'un bond.

Mais je suis réveillé!.... mais je...

FLAMBEAU.

Chut! restez coi!

MÉTTERNICH, avec, une seconde, l'angoisse d'un homme qui se
demande s'il a rêvé quinze ans d'histoire.

Mais Sainte-Hélène, alors?... Waterloo?

FLAMBEAU, tombant sincèrement des nues.

Water... quoi?

(On entend bouger dans la chambre du duc.)

L'Empereur a bougé!

MÉTTERNICH.

Lui!

FLAMBEAU.

Saperlipopette!
Vous devenez plus blanc qu'un cheval de trompette!

(Prêtant l'oreille au pas qui s'est rapproché de la porte.)

C'est lui!—Sa main tâtonne au battant verrouillé...
Il va sortir. Voilà!

(Avec désespoir.)

Vous l'avez réveillé!

METTERNICH.

Non, il ne se peut pas que ce soit lui qui sorte!
Il ne va pas ouvrir lentement cette porte!...
C'est le duc de Reichstadt, voyons! je n'ai pas peur!
Je sais que c'est le duc! j'en suis sûr!

(La porte s'ouvre.)

FLAMBEAU, d'une voix sonore.

L'Empereur!

(Il présente les armes.—Metternich se rejette en arrière.—Mais au lieu de la
terrible petite silhouette trapue que ce grenadier de la Garde présentant les armes
faisait presque attendre, c'est, sur le seuil, l'apparition chancelante d'un pauvre
enfant trop svelte, qui a quitté ses livres pour venir en toussant voir ce qui se
passe, et qui s'arrête, blanc comme son habit, en levant sa lampe de travail,—rendu
plus féminin par son col dégrafé d'où s'échappe du linge, et par ses cheveux plus
blonds sous l'abat-jour.)

SCÈNE VIII

Les Mêmes, LE DUC, puis des Laquais.

METTERNICH, se précipitant vers lui avec un rire nerveux.

Ah! ah! c'est vous! c'est vous! c'est vous! C'est Votre
Altesse!
Ah! que je suis heureux!

LE DUC, ironiquement.

D'où vient cette tendresse?

METTERNICH.

Non! vraiment, je croyais—tant c'était réussi!—
Qu'un autre allait sortir!

FLAMBEAU, comme sortant du rêve auquel il s'est pris lui-même.

Je le croyais aussi!

LE DUC, se retournant vers lui, et apercevant avec épouvante son uniforme.

Dieu! qu'as-tu fait?

FLAMBEAU.

Du luxe!

METTERNICH, qui a gagné la sonnette, sonnant et appelant.

A moi!

LE DUC, à Flambeau.

Fuis!

FLAMBEAU, courant vers le fond.

La fenêtre!

LE DUC, voulant le retenir.

La sentinelle va tirer sur toi!

FLAMBEAU.

Peut-être!...

LE DUC.

C'est long, d'ici les bois!

METTERNICH.

Et si, pendant qu'il court,

On lui tire dessus...

FLAMBEAU.

Ça me semblera court!

LE DUC, vivement, apercevant la livrée de Flambeau à terre.

Mets ta livrée!

METTERNICH, courant et posant son pied dessus.

Ah! non!

FLAMBEAU, dédaigneusement.

Gardez cette guenille!

Est-ce qu'un papillon se remet en chenille?

(Et le fusil en bandoulière, gardant, par défi, tout son attirail, il s'élance sur le balcon.)

Au revoir!

LE DUC, le suivant.

Mais c'est fou!

FLAMBEAU, vite et bas au duc.

Chut! Je gagne le trou

De Robinson!—Au bal de demain!

(Il enjambe la balustrade.)

TROISIEME ACTE

LE DUC.

Mais c'est fou!

FLAMBEAU, disparaissant.

J'y serai!

LE DUC, lui criant à voix basse.

Pas de bruit!

METTERNICH, en le voyant disparaître.

Oh! pourvu qu'il se luxe

Quelque chose!...

(On entend la voix de Flambeau entonner tranquillement dans la nuit le *Chant du départ :*
La Victoire en chantant...)

LE DUC, terrifié.

Hein?

METTERNICH, stupéfait.

Il chante?

LE DUC, se penchant au balcon avec angoisse.

Oh! que fais-tu?

LA VOIX DE FLAMBEAU, dans le parc.

Du luxe!

(Il continue :
... nous ouvre la carrière...
Une détonation. La chanson s'interrompt Seconde de silence et d'attente.
Puis, la voix reprend gaiement, plus lointaine :
La Liberté...)

LE DUC, avec un cri de joie.

Manqué!...

(Metternich se précipite derrière lui sur le balcon et suit des yeux, dans le parc, la fuite de Flambeau.)

METTERNICH, avec dépit.

Comme il s'est bien, dans l'ombre, reconnu!

LE DUC, fièrement.

Il connaît le pays: il est déjà venu.

METTERNICH, à plusieurs laquais qui viennent d'entrer par la droite, les congédiant du geste.

Trop tard!... Retirez-vous!... Plus rien pour mon service!

(Les laquais sortent.)

SCÈNE X

METTERNICH, LE DUC

LE DUC, à Metternich, d'un ton presque menaçant.

Et demain, pas un mot au préfet de police!

METTERNICH, avec un sourire.

Je ne raconte pas les tours qu'on m'a joués.

(Et tandis que le duc, lui tournant le dos, se dirige vers sa chambre, il continue nonchalamment :)

Que m'importent d'ailleurs vos grognards dévoués?
Vous n'êtes pas Napoléon.

LE DUC, qui déjà rentrait chez lui, s'arrêtant, hautain.

Qui le décrète?

METTERNICH, montrant le petit chapeau sur la table.

Vous avez le petit chapeau, mais pas la tête.

LE DUC, avec un cri de douleur.

Ah! vous avez encor trouvé le mot qu'il faut
Pour dégonfler l'enthousiasme!... mais ce mot
Ne sera pas cette fois-ci le coup d'épingle
Qui crève, ce sera le coup de fouet qui cingle!
Je me cabre, et m'emporte aux orgueils les plus fous!
Pas la tête, m'avez-vous dit?...

(Il marche sur Metternich, et les bras croisés.)

Qu'en savez-vous?

METTERNICH, contemple un instant ce prince dressé là devant lui, dans sa rage juvénile, plein de confiance et de force,—puis, d'une voix coupante.

Ce que j'en sais?...

(Il prend sur la table le candélabre allumé, va vers la grande psyché, et haussant la lumière.)

Regardez-vous dans cette glace!
Regardez la longueur morne de votre face!
Regardez ce fardeau si lourd d'être si blond,
Ces accablants cheveux! mais regardez-vous donc!

LE DUC, ne voulant pas aller à la glace, et s'y regardant, malgré lui, de loin.

Non!

METTERNICH.

Mais tout un brouillard fatal vous accompagne!

TROISIEME ACTE

LE DUC.

Non!

METTERNICH.

Mais à votre insu, c'est toute une Allemagne
Et c'est toute une Espagne en votre âme dormant,
Qui vous font si hautain, si triste, et si charmant!

LE DUC, détournant la tête, et attiré pourtant vers le miroir.

Non! non!

METTERNICH.

Rappelez-vous vos doutes de vous-même!
Vous, régner? Allons donc!... Vous seriez, doux et blême,
Un de ces rois qui vont s'interrogeant tout bas,
Et qu'il faut enfermer pour qu'ils n'abdiquent pas!

**LE DUC, saisissant, pour essayer de l'écarter, le candélabre que Metternich
lève devant la glace.**

Non! non!

METTERNICH.

Vous n'avez pas la tête d'énergie,
Mais le front de langueur, le front de nostalgie!...

LE DUC, se regardant, et passant sa main sur son front.

Le front?...

METTERNICH.

Et Votre Altesse, avec égarement,
Sur ce front d'archiduc passe une main d'infant!

LE DUC, regardant sa main, avec effroi, dans la glace.

Ma main?...

METTERNICH.

Regardez-les, ces doigts tombants et vagues,
Qu'on a, dans des portraits, déjà vus, sous des bagues!

LE DUC, cachant sa main.

Non!

METTERNICH.

Regardez vos yeux par lesquels vos aïeux
Vous regardent...

LE DUC, face à face avec son image, les yeux élargis.

Mes yeux?...

METTERNICH.

Regardez-les, ces yeux,

Dans lesquels d'autres yeux, déjà vus dans des cadres,
Rêvent à des bûchers ou pleurent des escadres!
Et vous, si scrupuleux, si consciencieux,
Osez aller régner en France, avec ces yeux!

> LE DUC, balbutiant, pour se rassurer.

Mais mon père...

> METTERNICH, d'une voix implacable.

Vous n'avez rien de votre père!

(Et ramenant de force vers la glace le candélabre que la main crispée du duc ne lâche plus.)

Mais cherchez! cherchez donc! approchez la lumière!
—Il a voulu, jaloux de notre sang ancien,
Venir nous le voler pour en vieillir le sien;
Mais ce qu'il a volé, c'est la mélancolie,
C'est la faiblesse, c'est...

> LE DUC.

Non! je vous en supplie!

> METTERNICH.

Regardez-vous pâlir dans le miroir!

> LE DUC.

Assez!

> METTERNICH.

Sur votre lèvre, là, vous la reconnaissez,
Cette moue orgueilleuse et rouge de poupée?
C'est celle qu'eut, en France, une tête coupée;
Car ce qu'il a volé, c'est aussi le malheur!
—Mais haussez donc le candélabre!

> LE DUC, défaillant.

Non! j'ai peur!

> METTERNICH, presque à son oreille.

Peux-tu te regarder, la nuit, dans cette glace,
Sans voir, derrière toi, monter toute ta race?
—Vois, c'est Jeanne la Folle, au fond, cette vapeur!
Et ce qui, sous la vitre, arrive, avec lenteur,
C'est la pâleur du roi dans son cercueil de verre!...

> LE DUC, se débattant.

Non! non! c'est la pâleur ardente de mon père!

TROISIEME ACTE

METTERNICH.

Rodolphe et ses lions, dans un affreux recul!

LE DUC.

Des armes! des chevaux! c'est le Premier Consul!

METTERNICH, désignant toujours, dans le miroir,
quelque sombre aïeul.

Le vois-tu fabriquer de l'or dans une crypte?

LE DUC.

Je le vois fabriquer de la gloire, en Égypte!

METTERNICH.

Ha! ha! et Charles Quint! le spectre aux cheveux courts,
Qui meurt d'avoir voulu s'enterrer!

LE DUC, perdant la tête.

Au secours,

Père!...

METTERNICH.

L'Escurial! les fantasmagories!
Les murs noirs!

LE DUC.

Au secours, les blanches boiseries!
Compiègne! Malmaison!

METTERNICH.

Tu les vois? tu les vois?

LE DUC, désespérément.

Roule, tambour d'Arcole, et couvre cette voix!

METTERNICH.

La glace se remplit!

LE DUC, courbé, se défendant du geste comme si quelque vol terrible
s'abattait sur lui.

Au secours, les Victoires!
A moi, les aigles d'or contre les aigles noires!

METTERNICH.

Mortes, les aigles!

LE DUC.

Non!

METTERNICH.

Et crevés, les tambours!

149

LE DUC.

Non!

METTERNICH.

Et la glace glauque est pleine de Habsbourgs,
Qui te ressemblent tous!

LE DUC, hors de lui, cherchant à arracher le candélabre que
Metternich maintient.

Je casserai la glace!

METTERNICH.

D'autres! d'autres encore arrivent!

LE DUC, brandissant, le lourd candélabre que Metternich vient enfin
de lui abandonner, et en frappant, d'un geste insensé, le miroir.

Je la casse!

(Il frappe avec rage ; la psyché s'effondre, les bougies s'éteignent ; la nuit
se fait, dans un grand bruit d'éclats de verre. Le duc se jette en arrière, délivré, avec une clameur de triomphe.)

Il n'en reste pas un!

METTERNICH, déjà sur le seuil, se retourne, et avant de sortir.

Il en reste un toujours!

LE DUC, chancelle à ces mots, et fou de terreur, il crie
dans la nuit.

Non! non! ce n'est pas moi! pas moi!

(Mais sa voix s'étrangle, il bat l'air de ses bras, tourne dans l'ombre, et tombe,
lamentable blancheur, devant le miroir brisé, en appelant.)

Père! au secours!...

Rideau.

ACTE IV

LES AILES MEURTRIES

ACTE IV

LES AILES MEURTRIES

Le rideau s'ouvre, au murmure des violons et des flûtes, sur une fête dans les *Ruines Romaines* du parc de Schœnbrunn.

Ces ruines sont, naturellement, aussi fausses que possible ; mais construites par un agréable archéologue, adossées le plus heureusement du monde à une colline boisée, vêtues de mousses abondantes, caressées d'admirables feuillages, elles sont belles dans la nuit, qui les agrandit et les poétise.

Au fond, au milieu de pittoresques décombres, une large et très haute porte romaine s'arrondit, et laisse voir en perspective, sous son arc ébréché, une avenue de gazon qui s'élève, comme un chemin de velours, jusqu'à un lointain carrefour bleuâtre, où semble l'arrêter un geste blanc de statue.

Devant cette porte, s'allonge un petit vivier d'eau dormante, et des divinités de pierre se cachent dans des roseaux.

Et ce sont des colonnades à demi écroulées à travers lesquelles on voit passer des masques ; des escaliers que montent et descendent tous les personnages de la Comédie Italienne. Car la fête est costumée, la mode étant aux Redoutes, aux dominos, aux capes vénitiennes, aux étranges chapeaux chargés de plumes, aux grandes collerettes, aux loups noirs barbus de dentelle, sous lesquels on aime à s'intriguer.

Deux gros orangers taillés en boules ; contre une de leurs caisses, un banc rustique.

Un peu partout, des fragments de bas-reliefs, des fûts de colonne enthyrsés de lierre, des têtes gisantes de marbres décapités.

Les lampions sont rares et d'un vert discret de ver luisant; on n'a pas abîmé le clair de lune.

La partie du parc réservée à la fête a été close par du treillage, et on aperçoit, à droite, la sortie, où des valets de pied remettent aux gens qui partent leurs manteaux.

A gauche, au tout premier plan, une porte de branches enguirlandées est celle d'un petit théâtre. C'est de ce côté, vers le fond, que s'étend la fête ; c'est par là qu'on danse : il arrive de la coulisse une lumière plus vive et des bouffées de musique.

L'orchestre invisible joue des valses de Schubert, de Lanner, de Strauss,—et les joue à la Viennoise, avec la plus énervante grâce.

SCÈNE PREMIÈRE

DES MASQUES,—puis METTERNICH et L'ATTACHÉ FRANÇAIS, — GENTZ, SEDLINSKY, FANNY ELSSLER.

UN MANTEAU VÉNITIEN, à un autre, lui montrant les masques qui passent.

Quel est ce fou ?

L'AUTRE.

Je ne sais pas !

LE PREMIER.

Ce monsignore ?

LE DEUXIÈME.

Je ne sais pas !

LE PREMIER.

Et ce mezzetin ?

LE DEUXIÈME.

Je l'ignore !

UN MATASSIN, survenant.

Mais c'est délicieux !

UN GILLES.

Le grand incognito !

UN POLICHINELLE, traverse le fond en courant, et saisit au vol une Marquise par la taille.

Votre oreille ?

LA MARQUISE.

Pourquoi ?

LE POLICHINELLE, mystérieusement.

Chut ! mon secret !

(Il l'embrasse et se sauve.)

UN PIERROT, assis sur un fût de colonne.

Watteau...

LE POLICHINELLE, repassant au fond, et saisissant par la taille une Isabelle.

Votre oreille ?

LE PIERROT.

... eût aimé ces fuites de basquines...

QUATRIEME ACTE

L'ISABELLE, an Polichinelle.

Pourquoi ?

LE POLICHINELLE, mystérieusement.

Chut ! mon secret !

(Il l'embrasse et se sauve.)

LE PIERROT.

...dans ce décor de ruines !

UN ARLEQUIN, qui rêve, un pied sur la margelle du bassin.

Tout est incertitude et tout est trémolo,
La musique, nos cœurs, le clair de lune, et l'eau !

(Metternich, en habit de cour sous un grand domino noir, entre avec
l'attaché militaire français qui est aussi en habit et domino ; il lui explique
la fête avec condescendance.)

METTERNICH.

Donc, Monsieur l'attaché d'ambassade de France,
Ici de la pénombre et du demi-silence...

(Il désigne le fond à gauche.)

Et dans de la lumière et dans du bruit, là-bas,
Le bal...

L'ATTACHÉ, admiratif.

Oh ! c'est vraiment...

METTERNICH, négligemment.

C'est joli, n'est-ce pas ?

(Montrant la droite.)

Par là...

L'ATTACHÉ, avec un étonnement respectueux.

Quoi ! vous daignez être mon cicerone ?...

METTERNICH, lui prenant le bras, avec une affectation de frivolité.

Mon cher, je suis moins fier du Congrès de Vérone
Que d'avoir réussi ce bal dans ces jardins,
Et d'avoir mélangé tous ces parfums mondains
A cette âpre senteur nocturne et forestière !...
—Donc, par là, la sortie. Au fond, le vestiaire,
De sorte qu'en partant, tout de suite, on pourra
Reprendre sa roulière, ou bien sa witchoura.

(Montrant la porte de gauche.)

Enfin, dans un salon de boulingrin bleuâtre,
Là, près de la Fontaine aux Amours, le théâtre.

Un bijou de petit théâtre, sur lequel
Des amateurs princiers vont nous jouer *Michel*
Et... je ne sais plus quoi... —piécette à l'eau de rose
D'un Français qui s'appelle Eugène... quelque chose !

L'ATTACHÉ.

On soupe ?...

METTERNICH.
Ici.

L'ATTACHÉ, surpris, regardant autour de lui.
Comment ?

METTERNICH, posant la main sur une caisse d'oranger.
Sur chaque caisson vert
Va neiger une nappe et pleuvoir un couvert !

L'ATTACHÉ, amusé.
Ah ! bah ! les orangers ?...

METTERNICH, enchanté de son effet.
Oui. Tout à l'heure on roule
Ici tous ceux du parc ; sous chaque grosse boule
Deux couples prennent place, affamés et légers...

L'ATTACHÉ.
Enfin c'est un souper par petits orangers !
C'est admirable !

METTERNICH, modestement.
Eh ! oui !—Quant aux affaires graves...
(A un laquais.)
Allez dire que c'est assez de danses slaves !
(Le laquais sort en courant par la gauche. Revenant à l'attaché.)
Je ne les remets pas à demain, moi. Je pars
Avant souper. Je dois répondre aux Hospodars.
On m'attend.
(A un autre laquais, lui désignant l'intérieur du théâtre.)
Les festons par là sont un peu pingres !
(Revenant à l'attaché.)
Organiser un bal, c'est mon violon d'Ingres ;
Puis, quand le bal est bien bondissant et riant,
Je vais te retrouver, Question d'Orient !

J'aime régler des sorts de peuples et des danses,
Arbitre de l'Europe...

L'ATTACHÉ, s'inclinant.

Et de ses élégances !

GENTZ, qui est entré depuis un moment avec une femme en domino, masquée
s'avançant vers eux, un peu gai.

C'est très juste !... *Arbiter elegantiarum !*

METTERNICH, se retournant.

Tiens ! vous parlez latin ?   Qu'avez-vous bu ?

GENTZ, titubant très légèrement.

Du rhum.

METTERNICH.

On a dû, chez Fanny, rester longtemps à table !
Oh ! cette liaison !...   Vous n'êtes plus sortable !

GENTZ, avec indignation.

Moi, Fanny ?...   C'est fini !

METTERNICH, incrédule.

Ah ?

(Apercevant le préfet de police qui le cherche.)

Sedlinsky !

GENTZ, la main sur son cœur.

Fini !

SEDLINSKY, à Metternich.

Un mot !

(Il lui parle bas.)

GENTZ, continuant de parler à Metternich, qui s'est éloigné.

Fini !

(Le domino qui était avec lui vient le prendre sous le
bras. Il se retourne et changeant de ton.)

J'eus tort de t'amener, Fanny !
Si l'on savait que grâce à moi...   Quelle imprudence !
Une danseuse...

FANNY.

Ici, c'est pour moi que je danse !

(Elle pirouette. L'attaché français la regarde avec admiration.)

GENTZ, vivement.

On te reconnaîtra !... tâche de danser mal !

METTERNICH, à Sedlinsky.

Un complot, dites-vous ?

SEDLINSKY.

Pour le duc, dans ce bal.

METTERNICH, souriant.

Je n'ai plus peur...

GENTZ, suivant Fanny qui s'éloigne en dansant.

Encor faudrait-il que j'apprisse
Pourquoi tu voulus tant venir ici ?

FANNY.

Caprice !

(Elle sort en valsant. Gentz la suit. L'attaché français aussi.)

METTERNICH, à Sedlinsky.

Je n'ai plus peur du duc. J'ai tué son orgueil.
On ne le verra pas au bal. Il est en deuil.

SEDLINSKY.

Mais on conspire !...

METTERNICH, gaiement.

Ah ! bah !

SEDLINSKY.

Des femmes.

METTERNICH, haussant les épaules.

Quelques pecques !

SEDLINSKY.

De grandes dames !

METTERNICH, ironique.

Oh !...

SEDLINSKY.

...Polonaises et Grecques :
La princesse Grazalcowich !

METTERNICH.

Grazalcowich ?...

C'est terrible !

(A un laquais qui passe.)

Donnez-moi donc une sandwich !

SEDLINSKY.

Vous riez ?... Chut !...

(Il lui désigne un groupe de dominos mauves qui entrent mystérieusement.)

Fuyant l'éclat de la torchère,

Les voici, cherchant l'ombre, et chuchotant...

(Il entraîne Metternich derrière un des orangers.)

SCÈNE II

LES DOMINOS MAUVES,—METTERNICH
et SEDLINSKY, cachés.

PREMIER DOMINO, à un autre.

Ma chère,

Que c'est doux de courir pour lui quelque danger !

DEUXIÈME DOMINO, avec délice.

Conspirons !

TROISIÈME DOMINO.

Ses cheveux sont d'un or si léger !

(Ces conspiratrices ont toutes un petit accent grec ou polonais.)

LA PREMIÈRE.

Oui, ma chère, on dirait que son front s'environne
D'un halo... dans lequel commence une couronne !

UNE AUTRE.

Oh ! et son double charme inattendu, troublant,
De Bonaparte blond, ma chère, et d'Hamlet blanc.

PLUSIEURS, avec volupté.

Conspirons !

LA PREMIÈRE, gravement.

Moi, d'abord, à Vienne, je conseille
De faire faire, en or, chez Stieger, une abeille !

LA DEUXIÈME, impétueusement.

A Vienne ?... Ce serait tout à fait idiot !
Faisons faire à Paris, cela, chez Odiot !

UNE AUTRE, solennellement.

Et je propose, moi, sur toutes nos toilettes,
D'avoir toujours un gros bouquet de violettes !

TOUTES, avec enthousiasme.

Oh ! c'est cela, Princesse !

UNE QUI N'A ENCORE RIEN DIT, inspirée.

Et risquons un retour

Vers les modes Empire !

LA PREMIÈRE, vivement.

Oh ! le soir ! pas le jour !

UNE AUTRE.

Ah ! ma chère, ces tailles courtes sont infâmes !

TOUTES A LA FOIS.

Les ruchés !... les bouillons !... Mais, ma chère !...

METTERNICH, qui surgit en riant.

Ah ! Mesdames !

TOUTES, avec un cri d'effroi.

Ah ! Dieu !

METTERNICH, riant aux éclats.

Continuez ce complot étonnant !

Conspirez !... conspirez !... ah ! ah !...

(Il sort en riant toujours, suivi de Sedlinsky. Son rire se perd. Aussitôt les conspiratrices, dispersées comme pour une fuite, se rapprochent sur la pointe du pied, se mettent en bouquet autour de celle qu'on a appelée Princesse.)

LA PRINCESSE.

Et maintenant

Que grâce à ce petit papotage frivole
Le soupçon éveillé par Sedlinsky s'envole,
Prouvons-leur qu'auprès des Machiavels féminins
Les Metternich les plus Metternich sont des nains !

TOUTES.

Oui...

LA PRINCESSE.

Chacune sait bien, ce soir, quel est son rôle ?

TOUTES.

Oui...

LA PRINCESSE.

Disséminons-nous dans le bal !

(Les dominos mauves s'éparpillent.)

160

SCÈNE III

TOUTES SORTES DE MASQUES, GENTZ,
L'ATTACHÉ FRANÇAIS, FANNY ELSSLER, etc...
puis TIBURCE, et THÉRÈSE DE LORGET

UN GROUPE DE MASQUES, poursuivant, à travers les colonnades, un masque
à grand nez qui se sauve.

Qu'il est drôle !

Ce doit être Sandor !—Non ! non ! c'est Furstemberg !

UN CROCODILE, les arrêtant pour leur montrer quelque chose au dehors.

Et cet ours, qui, là-bas, valse sur du Schubert !

(Toute la bande se précipite vers le côté où l'ours est signalé.)

GENTZ, qui s'est assis sur le banc, entouré de plusieurs jolies femmes, et en
regardant passer d'autres.

En quoi, la triste Elvire ?

UNE COLOMBINE.

En étoile.

GENTZ, pour lui faire plaisir.

En veilleuse.

LA COLOMBINE.

Et Thécla, l'hypocrite ?

GENTZ, riant.

En Fanchon la Mielleuse.

L'ATTACHÉ FRANÇAIS, traversant la scène à la poursuite de Fanny Elssler.

Pas moyen de savoir quel est ce domino !
Est-ce une Anglaise ?

FANNY, fuyant.

Ya.

L'ATTACHÉ, sursautant.

Une Allemande ?

FANNY.

No !

(Elle disparaît. L'attaché aussi.)

LA COLOMBINE, assise près de Gentz.

Le vicomte est en Doge ?

UNE CLÉOPATRE.

Oui... grand dalmatique !...

GENTZ.

Mais alors la baronne est en Adriatique ?

(Tiburce est entré avec Thérèse. Il est en Capitan Spezzafer. Thérèse
porte une souple tunique d'un bleu glacé d'argent, sur laquelle retombent
des lys d'eau et de longues herbes luisantes : elle est en source.)

TIBURCE.

Ma sœur, vous n'allez plus à Parme ?

THÉRÈSE.

Oh ! si ! Mais pour
Voir ce bal, la duchesse a retardé d'un jour.

(Montrant une femme masquée qui passe dans le fond, accompagnée d'un
homme en domino.)

C'est elle, avec Bombelle... oui... cette cape verte !...

TIBURCE, d'un ton agressif.

Tant mieux que vous partiez ! Noblesse oblige !... et certe
Je n'aurais pas longtemps souffert vos *aparté*
Avec votre petit Monsieur Buonaparte !

THÉRÈSE, hautaine.

Plaît-il ?

TIBURCE.

Nous nous vantons de ce que nos aïeules
N'aient pas, avec les rois, toujours été bégueules,
Car l'on peut ramasser un mouchoir sans déchoir
Lorsqu'un lys est brodé dans le coin du mouchoir !
Mais l'honneur ne saurait admettre une batiste
Portant la fleur ou le frelon bonapartiste.

(Menaçant.)

Malheur au fils de l'Ogre...

THÉRÈSE.

Hein ?

TIBURCE, galamment ironique.

S'il croquait nos sœurs !

QUATRIEME ACTE

THÉRÈSE.

Mon frère, vous avez des mots...

TIBURCE, avec un petit salut sec.

Avertisseurs.

(Il s'éloigne. Thérèse le suit des yeux, puis haussant les épaules, se joint
à un groupe qui passe.)

UN OURS, entrant avec une Chinoise à son bras.

A quoi donc voyez-vous que je suis diplomate ?

LA CHINOISE.

Mais à votre façon d'arrondir votre patte !

L'OURS, tendrement.

Lorsque vous m'aimerez...

LA CHINOISE, lui donnant un coup d'éventail sur la patte.

Vous vendez votre peau !

(A ce moment passe une énorme personne déguisée en petite bergère
Louis XV.)

TOUTES LES FEMMES, qui sont autour de Gentz.

Oh !

GENTZ, avec effroi.

Mais cette bergère a mangé son troupeau !

LE POLICHINELLE, traversant la scène en courant et saisissant la grosse
bergère par la taille.

Votre oreille ?

LA GROSSE BERGÈRE, se débattant.

Pourquoi ?

LE POLICHINELLE, mystérieusement.

Mon secret !

(Il l'embrasse et se sauve. On entend sa voix, plus loin, dans les arbres, qui
demande à une autre :)

Votre oreille ?

(Gentz et son groupe suivent le Polichinelle, très intéressés. Depuis un instant
le Duc est entré avec Prokesch. Prokesch est en habit et domino. Le
Duc s'enveloppe d'un grand manteau violet. Quand le manteau s'ouvre, on
le voit en uniforme blanc. Tenue de bal : bas de soie blanche et escarpins.
Il tient à la main son masque dont il s'évente nerveusement. Il s'appuie
sur Prokesch qui le regarde avec inquiétude. Il a la figure défaite, le geste
découragé, un pli mauvais à la lèvre. On sent que l'Aiglon traîne des ailes
meurtries.)

SCÈNE IV

LE DUC, PROKESCH
DES MASQUES, passent de temps en temps.

PROKESCH, au duc.

Quoi ! parmi ces gaietés une langueur pareille ?
Qu'a donc fait Metternich ?

(Mouvement du duc.)

Je vous trouve énervé !...

LA CHINOISE, qui repasse avec l'Ours, remarquant un bloc de pierre qu'il porte
sous son bras.

Mais que portez-vous donc sous le bras ?

L'OURS, flegmatiquement.

Mon pavé.

(Ils s'éloignent.)

PROKESCH, au duc.

Le complot va très bien si j'en crois plusieurs signes.

(Il tire de sa poche un billet.)

Ne m'a-t-on pas remis, ce matin, ces deux lignes ?

(Il lit.)

Dites-lui de venir de bonne heure et qu'il ait
Son uniforme sous un manteau violet !
—Prince, c'est pour ce soir, car ce billet...

LE DUC, prenant le billet et le chiffonnant entre ses doigts.

Doit être

D'une femme qui veut au bal me reconnaître !
J'ai suivi le conseil, d'ailleurs, n'étant ici
Venu que pour chercher aventure.

PROKESCH, désolé.

Non !

LE DUC.

Si !

PROKESCH.

Mais alors le complot...

LE DUC, à lui-même.

Oh ! ce serait un crime
Que de faire monter, pays clair et sublime,

164

Sur ton splendide petit trône impérial
Un être de malheur, d'ombre et d'Escurial !
Et si, lorsque plus tard je serai sur ce trône,
Le Passé m'allongeant dans l'âme sa main jaune,
Venait y déterrer, de ses ongles hideux,
Je ne sais quel Rodolphe ou quel Philippe Deux ?...
J'ai peur qu'au bruit flatteur et doré des abeilles,
Monstre qui dors peut-être en moi, tu te réveilles !

PROKESCH, riant.

Mais voyons, Monseigneur, vous êtes fou !

LE DUC, tressaillant et avec un regard qui fait reculer Prokesch.

Tu crois ?

PROKESCH, comprenant l'angoisse du prince.

Bonté du ciel !

LE DUC, lentement.

　　　　　Au fond de leurs châteaux de rois,
Dans leur retraite castillane ou bohémienne.
Ils ont tous eu la leur !...　Quelle sera la mienne ?...
Voyons, décidons-le !...　Je me résous, tu vois.
Mais voici le moment de choisir.

(Avec un rire amer.)

　　　　　J'ai le choix.
Des aïeux prévenants m'ouvrent le catalogue !...
Serai-je mélomane ? oiseleur ? astrologue ?
Marmonneur d'oremus ? ou souffleur d'alambic ?

PROKESCH.

Je ne comprends que trop ce qu'a fait Metternich !

(Baissant la voix.)

Des malheureux Habsbourg il vous dressa la liste ?

LE DUC.

Ah ! dame, ils ont tous eu la démence un peu triste !
Mais des parfums mêlés font des parfums nouveaux,
Et mon cerveau, bouquet de ces sombres cerveaux,
Va peut-être en produire une autre, plus jolie !
Voyons, quelle sera la mienne, de folie ?
Eh ! pardieu, mes penchants vaincus jusqu'à ce jour
Nous le disent assez : moi, ce sera l'amour !

Je veux aimer, aimer,

(De son poing fermé, il frappe rageusement sa lèvre.)

écraser avec haine,
Sous des baisers d'amour cette lèvre autrichienne!

PROKESCH.

Monseigneur!

LE DUC, parlant avec une volubilité fiévreuse.

Mais, mon cher, à la réflexion,
C'est logique, Don Juan fils de Napoléon!
C'est la même âme, au fond, toujours insatisfaite,
C'est le même désir incessant de conquête!...
O magnifique sang qu'un autre a corrompu
Et qui voulant éclore en César, n'as pas pu,
Ton énergie en moi n'est donc pas toute morte:
Cela fait un Don Juan, lorsqu'un César avorte!
Oui, c'est une façon d'être encore un vainqueur!
Ainsi je connaîtrai cette fièvre de cœur
Fatale, dit Byron, à ceux qu'elle dévore...
Et c'est une façon d'être mon père encore!
—Bah! qui sait, après tout, s'il est plus important
De conquérir le monde ou d'aimer un instant?
Soit! soit! c'est bien qu'ainsi finisse la Légende,
Et que ce conquérant de cet autre descende!
Soit! je serai le reflet blond du héros brun
Qui s'en allait les battant tous l'un après l'un,
Et tandis que je les vaincrai l'une après l'une,
Mes soleils d'Austerlitz seront des clairs de lune!

PROKESCH.

Ah! taisez-vous, car c'est trop tristement railler...

LE DUC.

Oui, je sais bien, j'entends des spectres me crier,
Spectres aux habits bleus tordus par la rafale:
"Eh bien! alors, cette épopée impériale?...
"Nos travaux, nos clairons, la gloire!... Eh bien! alors
"Cette neige, ce sang, l'Histoire... et tant de morts

“ Sur tant de champs où tant de fois nous triomphâmes,
“ Cela te sert à quoi, petit ? ”—“ A plaire aux femmes ! ”
C'est beau, sur le Prater, parmi les voiturins,
De monter un cheval de trois mille florins
Que l'on peut appeler Iéna !   C'est une aigrette
Certaine, qu'Austerlitz, aux yeux d'une coquette !...

PROKESCH.

Vous n'aurez pas le cœur, ainsi, de la porter !

LE DUC.

Mais si, mais si, mon cher, et je ferai monter _
—Car c'est, sur un amant, une chose qui flatte !—
L'aigle rapetissée en épingle à cravate !

(L'orchestre qui s'était tu un moment, reprend au loin.)

De la musique !... Et tu n'es plus, fils de César,
Qu'un Don Juan de Mozart !...

(Ricanant.)

Pas même de Mozart :

De Strauss !

(Il salue gravement Prokesch.)

Je vais valser.

(Et pirouettant avec une gaieté désespérée.)

Il faut que je devienne
Inutile et charmant, comme un objet de Vienne !

(Il va sortir, il s'arrête en voyant paraître l'archiduchesse.)

Ma tante... Tiens ?...

PROKESCH, épouvanté de l'éclair trouble de ses yeux.

Oh ! non, pas cela !

LE DUC, du coin mauvais de la bouche.

Je veux voir.

(Et repoussant Prokesch qui s'écarte à regret, il s'avance d'un pas traînant
vers l'Archiduchesse. L'Archiduchesse porte un costume très simple ; jupe courte,
corsage à basques, fichu, tablier, bonnet ; enfin, tout à fait pareille au fameux
tableau de Liotard, elle tient avec conviction devant elle un petit plateau sur
lequel sont posés une tasse de chocolat et un verre d'eau.)

167

SCÈNE V

LE DUC, d'abord avec L'ARCHIDUCHESSE,
puis avec THÉRÈSE

LE DUC, à l'archiduchesse, languissamment.

Oh ! le profond parfum qu'ont les tilleuls, ce soir !

L'ARCHIDUCHESSE.

As-tu vu mon petit plateau ?... j'en suis très fière !

LE DUC.

Vous êtes déguisée en ?...

L'ARCHIDUCHESSE.

En *Chocolatière*

De Dresde.

LE DUC.

Ra-vis-sant !... mais votre chocolat

Doit bien vous ennuyer.

L'ARCHIDUCHESSE, s'éventant avec le plateau de carton, sur lequel le verre
et la tasse restent collés.

Mais non !

LE DUC, qui s'est assis sur le banc, lui faisant place auprès de lui,—avec une
familiarité tendre.

Mettez-vous là.

L'ARCHIDUCHESSE, s'asseyant gaiement.

Eh bien ! Franz, aimons-nous un petit peu la vie ?

LE DUC.

J'aime être le neveu d'une tante jolie.

L'ARCHIDUCHESSE.

Moi j'aime être la tante, aussi, d'un grand neveu.

LE DUC.

Trop jolie.

L'ARCHIDUCHESSE, se reculant un peu sur le banc.

Et trop grand !

LE DUC.

Oui, pour jouer ce jeu.

L'ARCHIDUCHESSE.

Quel jeu ?

LE DUC.

D'intimités tendres qui sont les nôtres.

QUATRIEME ACTE

L'ARCHIDUCHESSE, le regardant avec inquiétude.

Je n'aime pas vos yeux, ce soir.

LE DUC.

Moi si, les vôtres.

L'ARCHIDUCHESSE, voulant plaisanter.

Ah ! je comprends ! ce soir, tout se masque à la cour,
Et l'amitié doit prendre un domino d'amour !

LE DUC, se rapprochant de plus en plus.

Oh ! d'abord, l'amitié, tante aux yeux de cousine,
L'amitié, de l'amour est toujours trop voisine
Entre les tantes et les neveux, les filleuls
Et les marraines,—oh ! sentez-vous les tilleuls ?—
Entre les colonels et les chocolatières,
Pour qu'il n'y ait jamais d'incidents de frontières.

L'ARCHIDUCHESSE, se levant, un peu sèchement.

Je n'aime plus notre amitié.

LE DUC, la retenant par le poignet, d'une voix sourde.

Moi j'aime bien
Ces sentiments auxquels on ne comprend plus rien,
Dans lesquels tout se mêle et s'embrouille...

L'ARCHIDUCHESSE, lui arrachant sa main.

Non, laisse !

(Elle s'éloigne.)

LE DUC, boudeur.

Oh ! bien ! si vous prenez vos airs d'archiduchesse !

L'ARCHIDUCHESSE.

Adieu, Franz !...   Tu m'as fait beaucoup de peine !

(Elle sort sans se retourner.)

LE DUC, la suivant des yeux.

Bah !

Dans la claire amitié cette goutte tomba,
Qui fait qu'en amour trouble elle se précipite !
Attendons !...

(Il aperçoit Thérèse de Lorget qui, depuis un instant arrêtée au fond,
joue distraitement à tremper dans l'eau du bassin les longues herbes qui
pendent de ses épaules.—Avec étonnement.)

Tiens !...   Comment ! Vous êtes là, petite ?

Vous ne roulez donc pas vers le ciel Parmesan ?
(Il regarde le déguisement de Thérèse.)
Mais que d'herbe !... En quoi donc êtes-vous ?

THÉRÈSE, souriante et les yeux baissés.

Je suis en

Petite...

LE DUC, se souvenant.

Ah ! oui ! c'est vrai !

(Mélancoliquement.)

Sur sa roche lointaine
Mon père, pour amie, avait une fontaine.
Elle le consolait d'un geôlier. C'est pourquoi
Il fallait qu'à Schœnbrunn, ma Sainte-Hélène à moi,
Mon âme ne fût pas tout à fait sans ressource,
Et qu'ayant le geôlier, elle eût aussi la Source !

THÉRÈSE.

Vouz évitiez pourtant, vers moi, de vous pencher ?...

LE DUC.

Parce que je songeais à m'enfuir du rocher.
Mais c'est fini !

THÉRÈSE.

Comment ?

LE DUC.

Plus d'espoir !... J'abandonne

Tout rêve !...

THÉRÈSE, se rapprochant vivement de lui.

Vous souffrez ?

LE DUC, d'une voix de tendresse suppliante.

Il faut qu'elle me donne,
Ma Source,—sa fraîcheur, son murmure !...

THÉRÈSE, tout près de lui.

Elle est là.

LE DUC, lentement.

Et même si je veux la troubler ?

THÉRÈSE, levant sur lui des yeux limpides.

Troublez-la.

LE DUC, changeant de ton, à voix tout d'un coup basse et brutale.

Viens ce soir.   Tu sais bien, la maison tyrolienne,
Sous bois, mon pavillon de chasse...

THÉRÈSE, avec un recul effrayé.

Que je vienne ?...

LE DUC, précipitamment.

Ne dis pas non.   Ne dis pas oui.   J'attendrai.

THÉRÈSE, bouleversée.

Mais...

LE DUC, reprenant sa voix câline et triste d'enfant malheureux.

Songe combien je suis malheureux désormais :
J'ai perdu tout espoir de jouer un grand rôle.
Je n'ai plus qu'à pleurer : j'ai besoin d'une épaule.

(Il a presque laissé tomber sa tête sur l'épaule nue de la Petite Source,
lorsque le bruit d'un pas sur le gravier les fait se séparer vite. C'est Tiburce,
drapé dans sa cape de spadassin, qui passe au fond, ayant au bras une femme.
En les voyant, il cesse de causer, et arrête sur Thérèse un regard de menace.
Elle lui répond d'un œil dédaigneux, et disparaît vers le bal. Tiburce,
reprenant sa galante conversation, s'éloigne. Le Duc, qui n'a même pas
reconnu Tiburce, appelle d'un signe un des laquais debout à la sortie de droite,
et tire de son frac un feuillet de papier qu'il griffonne sur son genou.)

SCÈNE VI

LE DUC, UN LAQUAIS puis FANNY ELSSLER
et L'ATTACHÉ FRANÇAIS

LE DUC, tendant au laquais le mot qu'il vient d'écrire.

Au château, pour mes gens.   Je ne rentrerai pas.
Je vais au pavillon.   Vite quelqu'un là-bas.
Voilà.   Rapporte-moi que la chose est comprise.

LE LAQUAIS, s'inclinant.

C'est tout ?

LE DUC.

C'est tout.—Demain matin, la jument grise.

(Le laquais sort. Fanny Elssler, toujours masquée, repasse en courant, se
retournant pour regarder si elle est poursuivie. Elle s'arrête en apercevant le
duc dont le manteau violet laisse voir l'uniforme blanc.)

FANNY ELSSLER, s'approchant du duc, et récitant mystérieusement.

...Son uniforme sous un manteau...

LE DUC, sursaute, et achevant la phrase du billet reçu par Prokesch.

...violet.

(Ironiquement.)

Il était d'une femme, ô Prokesch, le billet !

FANNY, montrant au duc l'attaché français qui vient d'apparaître.

Le temps de dépister ce masque qui m'obsède,
Et je reviens !...

LE DUC, souriant.

J'attends...

(Fanny fuit à travers les ruines, essayant de perdre l'attaché.—Le duc se promène de long en large, et avec une sorte de rage.)

C'est mon destin !—Je cède !—

Aimons !

(La musique est de plus en plus énervante. Des couples passent au fond, cherchant l'ombre.)

Ayons au cœur un furieux avril !

Aimons...

(Il montre un couple très tendre qui se dirige vers le banc.)

comme ceux-là !... comme tous !...

(Mais soudain, il tressaille et se jette derrière un oranger qui le cache ; car le couple parle, se croyant seul ; et dans ce couple qu'il a désigné d'un geste méprisant, il reconnaît Marie-Louise et son chambellan Bombelles.)

SCÈNE VII

MARIE-LOUISE, BOMBELLES,—LE DUC,
derrière un oranger.

BOMBELLES, continuant une conversation commencée.

Était-il

Très épris ?

MARIE-LOUISE, riant.

C'est de lui que vous parlez encore ?

172

QUATRIEME ACTE

BOMBELLES.

Oui.

LE DUC, d'une voix étranglée.

Bombelles !... ma mère !...

BOMBELLES.

Il vous aimait ?

MARIE-LOUISE, s'asseyant. Bombelles reste debout, un genou
sur le banc.

J'ignore.

Mais je sentais très bien que je l'intimidais.
Même sur son estrade aux lauriers d'or pour dais,
Il se sentait moins haut que moi par la naissance ;
Alors, il m'appelait, pour prendre un air d'aisance :
"Bonne Louise" !... eh ! mon Dieu ! oui !... C'était d'un
    goût !
—J'aime le sentiment !... Je suis femme, après tout !

BOMBELLES.

Avant tout !

MARIE-LOUISE.

C'est mon droit !

(D'un petit ton sec et léger.)

On s'est mis en colère
Pour un mot que j'ai dit quand ce bon Saint-Aulaire
M'annonça le désastre, à Blois. J'étais au lit ;
Mon pied nu dépassait, et sur le bois poli
Posé comme ces pieds que cisèle Thomire,
Du meuble Médicis faisait un meuble Empire.
Soudain, voyant glisser les yeux de l'envoyé,
Je souris et je dis : "Vous regardez mon pied ?"
—Et malgré les malheurs de sa patrie, en somme,
C'est parfaitement vrai qu'il regardait, cet homme !—
Je fus coquette ?... eh bien ! le grand crime ! Mon Dieu,
Que voulez-vous ? c'est vrai, je restais femme un peu,
Et dans l'écroulement trop prévu de la France,
La beauté de mon pied gardait son importance !

178

LE DUC, voulant fuir, mais ne pouvant pas, comme dans un cauchemar,—et saisissant l'oranger pour ne pas tomber.

Oh ! je voudrais m'enfuir ! oh ! je reste !

BOMBELLES, se penchant sur le bras de Marie-Louise.

Quel est
Ce caillou gris que vous portez en bracelet ?

MARIE-LOUISE, tout d'un coup très émue.

Ah ! je ne peux le voir qu'avec des yeux humides !
Ça... voyez-vous... c'est un morceau...

BOMBELLES, vivement.

Des Pyramides ?

MARIE-LOUISE, sentimentale.

Mais non, voyons !... c'est un vrai morceau du tombeau
Où Juliette dort auprès de Roméo !

(Elle soupire.)
Ce souvenir me vient...

BOMBELLES, respectueusement crispé.

Vous n'allez pas, de grâce,
Me parler de Neipperg !

MARIE-LOUISE.

Oui, Neipperg vous agace !
Pourquoi parler de l'autre, alors ?

BOMBELLES, avec la conviction d'un homme qui préfère être préféré à Napoléon Ier qu'à Monsieur de Neipperg.

C'est différent !

(Et avec plus de curiosité que de jalousie.)
Vous,—l'aimiez-vous ?

MARIE-LOUISE, qui n'y est déjà plus.

Qui donc ?

BOMBELLES.

L'Autre !

MARIE-LOUISE.

Ça vous reprend ?

BOMBELLES.

Un si grand homme, on doit...

MARIE-LOUISE.

Quant à cela, je nie

174

Qu'on ait jamais aimé quelqu'un pour son génie !
—Et puis, ne parlons plus de lui, parlons de nous.
(Coquettement.)
Cela vous plaira-t-il, Parme ?

BOMBELLES.
Était-il jaloux ?

MARIE-LOUISE.
Jusqu'à chasser Monsieur Leroy, tailleur-modiste,
Parce qu'en m'essayant un peplum, cet artiste
N'avait pu voir, sans un cri d'admiration,
(Elle a laissé glisser derrière elle, sur le banc, la grande cape qui couvrait sa robe décolletée.)
Mes épaules.
(Et ses épaules, couvertes de diamants, apparaissent.)

BOMBELLES, flatté dans son amour-propre d'homme
et dans sa haine de royaliste.
Jaloux ? .. Alors, Napoléon...

MARIE-LOUISE, regardant autour d'elle, avec effroi, à ce nom trop indiscrètement prononcé.
Chut !...

BOMBELLES, avec une satisfaction croissante.
... n'aurait pas aimé me voir lés trouver belles,
Vos épaules,—ce soir... Il n'aurait pas...

MARIE-LOUISE, le rappelant à l'ordre.
Bombelles !

BOMBELLES, dégustant le plaisir de se venger de la Gloire.
... Aimé m'entendre dire à Votre Majesté...
(Il s'assied sur le banc, près d'elle.)

LE DUC.
Oh ! mon père, pardonnez-moi d'être resté !...

BOMBELLES, regardant l'édifice de nattes à la mode du jour qui coiffe la tête de
Marie-Louise d'une sorte de bonnet d'Arlésienne.
... Qu'elle est coiffée un peu comme nos filles d'Arles,
Mais qu'elle est bien plus belle, étant plus blonde...

MARIE-LOUISE, faiblement.
Charles !

BOMBELLES, joignant l'attitude à la parole.

... Il n'aurait pas aimé que me penchant ainsi...

(Mais ses lèvres n'ont pas atteint l'épaule de Marie-Louise qu'il a été saisi à la gorge, arraché du banc, jeté à terre par le Duc de Reichstadt bondissant et criant.)

LE DUC.

Pas ça ! Je ne veux pas ! Je vous défends !...

(Il recule, étonné de ce qu'il vient de faire, épouvanté ; passe la main sur son front, et tout à coup :)

Merci !

Merci ! Je suis sauvé !

MARIE-LOUISE, défaillante.

Franz !

LE DUC.

Car ce cri, ce geste
Ne furent pas de moi !... Moi, toujours, il me reste
Le respect de ma mère—et de sa liberté !
C'est donc... c'est donc Celui dont j'étais habité,
Qui vient là, hors de moi, de bondir avec force !
Merci ! je suis sauvé ! c'était un sursaut corse !

BOMBELLES, qui s'est relevé, faisant un pas vers le duc.

Monsieur...

LE DUC, reculant avec une hauteur glaciale.

Rien entre nous !

(Bombelles s'arrête, sentant qu'en effet rien n'est possible entre eux, et le duc, se tournant vers sa mère, la salue profondément.)

Madame, mes respects !
Au palais de Sala retournez vivre en paix !
Ce palais n'a-t-il pas deux ailes, dont une aile
Est un petit théâtre, et l'autre une chapelle ?
Vous allez vous sentir, habitant au milieu,
Dans un juste équilibre entre le monde et Dieu !
—Mes respects ! mes respects !

MARIE-LOUISE, d'une voix tremblante.

Mon fils !

LE DUC.

Mais oui, Madame,
Mais oui ! c'est votre droit de n'être qu'une femme !

176

QUATRIEME ACTE

Allez être une femme au palais de Sala!
Mais dites-vous, dites-vous bien, et que cela
Soit la revanche amère et triste de sa gloire,
—Veuve qui n'a pas su garder la robe noire!—
Dites-vous, désormais, qu'on ne fait les yeux doux
Qu'au prestige immortel qu'il a laissé sur vous,
Et que vous n'êtes belle, et que vous n'êtes blonde,
Que parce qu'autrefois il a conquis le monde!

MARIE-LOUISE, atteinte au plus sensible
Mais... Bombelles, venez!... ne restons pas ici!...

LE DUC.
Retournez à Sala! Je suis sauvé! Merci!

MARIE-LOUISE, qui va pour sortir, suivie de Bombelles.
Adieu. Monsieur!

LE DUC, immobile, ne les regardant plus.
   O mains, mains froides dans la tombe,
O mains tristes encor de leur anneau qui tombe,
Mains où posa le front de celle qui jadis
Sanglotait parce que je n'étais pas son fils,
Mains dont je sens les doigts sur mon âme orpheline,
Je vous baise en pleurant, ô mains de Joséphine!

MARIE-LOUISE, à ce nom se retourne, et laissant éclater une haine
de femme.
La Créole!... Et crois-tu donc qu'à la Malmaison
Elle n'a pas?...

(Et l'on sent que tous les racontars vont défiler...)

Mais LE DUC, d'une voix terrible.
  Silence!

(Elle recule intimidée, se tait ; et lui, reprend avec force.)
    Ah! si c'est vrai, raison
De plus, raison de plus pour moi d'être fidèle!...

(Marie-Louise gagne la sortie de droite, quittant la fête avec Bombelles. Et
le duc reste là, transformé, redressé, frémissant d'indignation et d'énergie,—
sauvé comme il vient de le dire. Ce n'est plus, ainsi que tout à l'heure, l'être
d'ennui et de volupté, le blondin d'une grâce perverse ; c'est, de nouveau, le
jeune homme ardent et douloureux. A ce moment reparaît Metternich, achevant
sa conversation avec Sedlinsky.)

SCÈNE VIII

LE DUC ; METTERNICH et SEDLINSKY,
un instant ; puis FANNY ELSSLER

METTERNICH, concluant d'un ton satisfait, à Sedlinsky.

Oui, j'ai brisé l'orgueil de cet enfant rebelle !

(Mais il pousse un cri en apercevant, debout devant lui, le prince qu'il a laissé, la nuit dernière, gisant au pied d'un miroir.)

Hein ?—Vous ici !

(Et comme le prince, en bondissant sur Bombelles, a laissé glisser son manteau, Metternich ajoute, choqué de le voir en colonel autrichien dans cette fête masquée.)

Dans cet uniforme ?... Comment ?

LE DUC.

Ne doit-on pas venir sous un déguisement ?

SEDLINSKY, bas à Metternich.

Cet orgueil, qu'hier soir brisa Votre Excellence,
Garde, même en morceaux, toute son insolence !

METTERNICH, maîtrisant sa colère et essayant de badiner.

A quoi donc vient rêver ici, fuyant le bal,
Le petit colonel ?

LE DUC.

Au petit caporal.

METTERNICH, sur le point de s'emporter.

Oh ! je...

(Se calmant, à Sedlinsky.)

Mais le courrier, là-bas, qui me réclame !

(Et il sort par la droite, au bras du préfet de police, en disant entre ses dents.)

C'est à recommencer !

FANNY ELSSLER, rentrée depuis un instant, s'avance vivement dès qu'ils ont disparu, et, tout bas, derrière le duc.

Prince...

178

QUATRIEME ACTE

SCÈNE IX

LE DUC, FANNY ELSSLER
PASSAGE DE MASQUES

LE DUC, se retourne, reconnaît la femme masquée qu'il a accepté tout à l'heure d'attendre là, et avec, maintenant, un recul violent.

Ah! non!... Cette femme!...

Non! Je ne veux plus...

FANNY, malicieusement, se démasquant une seconde.

Fuir ?

LE DUC, avec un cri de surprise.

Fanny!—Toi ?—Fuir ?
(Changeant de ton et se rapprochant.)
Comment ?

Quand ?

FANNY, lui désignant du coin de l'œil, des couples qui passent.

Feignez avec moi de causer galamment.
C'est grave. Écoutez bien. Mais souriez sans cesse.
(Et elle lui dit en minaudant.)
Votre cousine est là, dans ce bal.

LE DUC, très ému, mais d'un air penché.

La Comtesse ?

FANNY.

Oui.
(Elle prend la main du duc et la met sur son cœur.)
—Tiens, j'ai—comme un soir de première—le trac!
—Elle a sous son manteau ton habit blanc, ce frac
Avec lequel l'Aiglon a l'air d'une mouette!
Elle te ressemblait, déjà, de silhouette,
Mais depuis qu'elle a teint en blond ses cheveux noirs,
Prince, elle te ressemble à tromper les miroirs!
Donc, pendant qu'on jouera,
(Elle montre, à gauche, la porte du petit théâtre.)
là, *Michel et Christine*,
Tu changes de manteau, vite, avec ta cousine...

LE DUC, comprenant.

Je me masque...

FANNY.

Tu disparais comme en un truc...

LE DUC.

Cependant qu'apparaît un faux duc!

FANNY.

Le faux duc

Sort ostensiblement...

(Elle montre la sortie de gauche.)

LE DUC.

En sortant, me délivre

Des agents qui, dehors, m'attendent pour me suivre...

FANNY.

Rentre à Schœnbrunn...

LE DUC.

S'enferme en ma chambre avec soin...

FANNY.

Et s'éveille si tard demain...

LE DUC.

...que je suis loin!

—Seulement...

FANNY.

Vous voyez un seulement?

LE DUC.

Énorme!

Si, voyant le faux duc sortir en uniforme,
Quelque masque, croyant me parler, lui parlait?

FANNY.

Impossible.   Tout est réglé comme un ballet:
Pour qu'il sorte sans crainte et puis que tu te sauves,
Douze femmes sont là,—douze dominos mauves:
Elles vont, coquetant, riant, jouant de l'œil,
L'accaparer, l'une après l'autre, jusqu'au seuil,
—Et comme un volant blanc, de raquette en raquette,
Le faux duc sortira de coquette en coquette!

QUATRIEME ACTE

UNE BANDE, passant au fond à la poursuite d'un masque à tête de loup.

Quel est ce loup ?

LE LOUP, poursuivi, se retournant vers eux.

Hou ! hou !

(Il disparaît dans le bois.)

LA BANDE, se précipitant alors à la poursuite d'un Triboulet qui passe en gambadant.

Quel est ce fou ?

LE FOU, se sauvant et agitant sa marotte.

Tzing ! tzing !

(Tout disparaît dans des éclats de rire.)

FANNY, reprenant, au duc.

Puis, toi, tu sors du parc...

LE DUC.

Par la porte d'Hietzing ?

FANNY.

Non !

LE DUC.

Par où ?

FANNY.

Prenez garde.   On passe.—Je m'évente...
Regardez l'éventail de votre humble servante...

LE DUC.

Eh ! bien ?

FANNY, tout en s'éventant coquettement.

J'ai dessiné dessus le plan du parc.
Voyez-vous le chemin ?   En rouge.   Il fait un arc.
Suivez-vous ?   Les petits carrés blancs sont des marbres,
Et les petits pâtés vert-pomme sont des arbres.
On évite, par là, les gardes malfaisants,
On tourne à gauche, on prend du côté des faisans...

LE DUC, les yeux sur l'éventail.

Les hachures, qu'est-ce que c'est ?

FANNY.

C'est quand ça monte.
—On redescend.   On tourne au gros triton de fonte.
Et l'on sort Empereur par ce petit portail...
Tout est-il bien compris ?   Je ferme l'éventail.

181

LE DUC.

Quoi! depuis hier soir?...

FLAMBEAU, toujours invisible.

Oui, je fume ma pipe...

LE DUC.

Dans ce trou?...

FLAMBEAU.

Que tu fis à l'instar de ce type,
Inventeur du bonnet à poil, à ce qu'on dit,
Et dont le Mameluck s'appelait Vendredi!

LE DUC, examinant les pierres et les mousses.

Je ne retrouve plus la place exacte!

FLAMBEAU.

A droite!
Juste où je souffle, avec ma pipe, un peu d'ouate!

(Et par une fente de la grosse pierre posée à plat, on voit s'élever une fumée
qui se met à floconner dans l'air calme.)

FANNY, la montrant au duc.

Là,—le petit Vésuve!

LE DUC, se penchant vers la pierre, d'un ton désolé.

Oh! tu dois être...

FLAMBEAU, qui lance les mots entre des bouffées de fumée.

Mal!

Mais
(Une bouffée.)
je vous avais dit
(Une bouffée.)
que je viendrais au bal!

FANNY, regardant autour d'eux avec inquiétude.

Si l'on nous voit causer avec une fumée!

FLAMBEAU.

Aï!

LE DUC.

Quoi donc?

FLAMBEAU.

Un retour offensif de l'armée
Fourmi!... Depuis hier, tout le temps on se bat!

184

—Aï!—Elles ont le nombre et moi j'ai le tabac!

(On l'entend souffler très fort.)

En soufflant la fumée à flots...

FANNY, riant.

Tu les canonnes!

FLAMBEAU, dont la voix se rapproche.

Puis-je lever ma pierre une seconde?

LE DUC, après avoir regardé si personne ne passe.

Oui!

(Alors un des côtés de la pierre se soulève lentement, entraînant ses tremblantes attaches de lierre, laissant pendre des cheveux d'herbe, et, de l'ombre humide du trou de Robinson, on voit sortir à demi un Flambeau mystérieux et cocasse, l'uniforme verdi, les moustaches pleines de brindilles, le nez terreux, l'œil gai.)

FLAMBEAU, tout en soulevant la pierre, entonnant d'une voix sépulcrale le grand air du dernier succès de l'Opéra.

Nonnes!...

LE DUC ET FANNY, précipitamment.

Chut!

FLAMBEAU, s'accoudant au bord moussu du petit souterrain.

J'ai l'air de me mettre au balcon du tombeau!

LE DUC.

Fanny m'a tout conté.   C'est pour ce soir, Flambeau!

FLAMBEAU.

Bon!—Craignez Metternich, seulement! L'œil du maître!

LE DUC.

Il a quitté le bal.

FLAMBEAU, vivement.

Mais pour me reconnaître

Il n'y a plus personne, alors!

FANNY.

Tout ira bien.

FLAMBEAU.

Metternich est parti?... Vous ne me dites rien?

LE DUC.

Mais...

FLAMBEAU.

Et vous me laissez, à l'ombre de cette urne,

Prendre un torticolis dans ma petite turne?

FANNY, vivement.

Des masques!

(Flambeau rentre dans son trou.—La scène est envahie par des masques qui dansent une ronde autour d'un magicien à grande barbe.)

LES MASQUES, cherchant à reconnaître qui se cache sous cette barbe.

C'est Blacas!—C'est Sandor!—C'est Zichy! —C'est Thalberg!—Non, Thalberg est en mammamouchi! —C'est Josika!—Non! c'est...

(Mais le Magicien se baissant brusquement et passant sous les mains nouées de deux danseurs, s'échappe. Cris de tous les masques.)

Il fuit!... qu'on le rattrape!

FLAMBEAU, soulevant sa pierre comme un diable le couvercle de sa boîte.

Partis?

LE DUC ET FANNY.

Partis.

FLAMBEAU.

Alors...

(Il sort tranquillement du trou, dont il extrait son fusil et son bonnet à poil.)

LE DUC ET FANNY.

Hein? quoi?

FLAMBEAU, remettant la pierre en place.

Baissons la trappe!

LE DUC, épouvanté.

Que va-t-on dire en te voyant?

FANNY.

C'est effrayant!

Rentrez vite!

FLAMBEAU.

Ce qu'on va dire en me voyant?

(Les masques reparaissent au fond.)

L'UN D'EUX, apercevant Flambeau, avec enthousiasme.

Et celui-là! Ho! ho!—en grognard de l'Empire!

FLAMBEAU, au duc et à Fanny.

Eh bien! mais le voilà, tenez, ce qu'on va dire!

LES AUTRES MASQUES, s'arrêtant en voyant Flambeau.

Bravo !—Très bien !

FLAMBEAU.

Je suis tranquille maintenant !

(Il remet son bonnet et fume sa pipe. A ce moment, la scène est envahie. Tout le monde revient du bal, car la cloche du théâtre sonne et un laquais vient de suspendre aux branches de la porte une affiche sur laquelle on lit :

MICHEL ET CHRISTINE

Vaudeville en un acte.

De MM. Eugène Scribe et Henri Dupin.

La plupart des masques avant d'entrer au théâtre, s'arrêtent pour contempler Flambeau.)

SCÈNE XI

LES MÊMES, puis peu à peu TOUS LES MASQUES, DES LAQUAIS, THÉRÈSE, TIBURCE, etc.

UN TRIVELIN, appelant un Léandre.

As-tu vu le grognard ?

LE LÉANDRE, frappé d'admiration.

Oh ! il est étonnant !

(Le duc s'est un peu écarté, laissant Fanny avec Flambeau qui, en un clin d'œil, est entouré.)

L'ARLEQUIN, le regardant de près.

Excellents, les petits anneaux d'or aux oreilles !

UNE PETITE DIABLESSE, même jeu.

Et les gros sourcils gris, postiches ! Des merveilles !

(Elle se hausse sur la pointe des pieds et essaie de les toucher. Flambeau recule.)

FLAMBEAU, bas à Fanny.

Mais sans manteau, comment sortirai-je tantôt ?

FANNY, tirant de son gant un numéro de vestiaire qu'elle lui passe.

Le numéro de Gentz, tiens ; un très beau manteau !

UN PETIT MARQUIS, à Flambeau.

Bonjour, grognard !

FLAMBEAU, poliment.

Honneur, plaisir.

187

UN SCARAMOUCHE, l'observant.

Je me demande

Qui c'est ?

(Il s'avance, et bouffonnant.)

Pour lors, sergent, vous serviez ?...

FLAMBEAU.

Dans la Grande !

(On rit.)

FLAMBEAU, à lui-même.

Ils riaient moins du temps, chez eux, qu'elle hivernait !

(Il se promène, de long en large.)

EXCLAMATIONS, en le voyant marcher.

C'est un Raffet !—C'est un Charlet !—C'est un Vernet !

LE LANSQUENET, s'avançant et tâtant l'uniforme.

Comme il est bien usé !...   La poudre !...   Les poussières !...

Le nom du costumier ?

FLAMBEAU.

Ce sont des costumières.

Une vieille maison : *Guerre et Victoire, Sœurs.*

UN LANSQUENET.

Ah ! oui ?

FLAMBEAU, remontant.

Nous n'avons pas les mêmes fournisseurs !

LE SCARAMOUCHE, le suivant.

Parbleu ! mais c'est Zichy !...

(A Flambeau, en lui tendant la main.)

Cher comte...

(Il recule en recevant une bouffée
de fumée dans la figure.)

FLAMBEAU, s'excusant et montrant sa pipe.

Ma bouffarde

(On rit.)

LE SCARAMOUCHE, aux autres :

Oui, son langage, ainsi que son museau, se farde !

FLAMBEAU, chantonnant.

En allant à Krasnoé
On avait soif, on avait froué !...

QUATRIEME ACTE

UN SEIGNEUR FLORENTIN, riant.

C'est qu'il est excellent!...

(S'avançant et lui prenant le bras.)

En Russie, hein! mon vieux,
Nous avons eu très froid au nez?

(On rit.)

FLAMBEAU.

Oui... Pas aux yeux.

(Il chantonne.)
Mais, cristi, ça vous ravigote
Rien que de voir sa redingote!...

L'ARLEQUIN, vient lui prendre le bras de l'autre côté, et finement.

Dis donc, sa redingote a besoin de reprises?

(On rit.)

FLAMBEAU.

Mais, dis donc,—elle vous en a fait voir de grises!

(Les rires jaunissent légèrement.)

PLUSIEURS, sans enthousiasme.

Ha! ha! très drôle!...

LE LANSQUENET, tiède.

Oui... très nature...

LA SCARAMOUCHE, froid.

Très exact!

L'ARLEQUIN, bas, aux autres.

Mais vous ne trouvez pas qu'il manque un peu de tact?

(Il les emmène vers le théâtre où, du reste, tout le monde entre peu à peu;
la scène se vide. Fanny Elssler, qui a rejoint le duc, suit avidement des yeux
les derniers masques qui se dirigent vers la petite porte.)

FANNY, au duc.

Sitôt qu'ils seront tous entrés pour voir la pièce...

FLAMBEAU, d'une voix de forain, rabattant les retardataires.

Entrez!

FANNY.

...j'irai chercher votre cousine.

(A ce moment, le laquais que le duc avait envoyé porter une lettre au château,
reparaît et s'approche vivement de lui.)

LE DUC.

Qu'est-ce?

189

FLAMBEAU, au fond.

Entrez !

LE LAQUAIS, au duc.

J'ai prévenu que Monseigneur irait
Passer la nuit au pavillon de la forêt.

(Il s'éloigne.)

FANNY, qui a entendu.

Hein ?

LE DUC, vite et bas à Fanny.

J'oubliais.   J'ai dit qu'au pavillon de chasse
Je passerai la nuit.   C'est donc là qu'à ma place
La comtesse devra se rendre.   Préviens-la.

FANNY.

Je la préviens et vous l'amène.   Restez-là.

(Elle sort par le fond à gauche. Parmi les derniers masques qui sont
revenus du bal, il y a Tiburce et Thérèse.)

FLAMBEAU, sur le seuil du théâtre.

Entrez !

TIBURCE, à sa sœur, lui désignant le théâtre.

Vous n'entrez pas ?

THÉRÈSE.

Non.   Je pars.

TIBURCE, la saluant.

A votre aise !

(Il entre au théâtre. Elle se dirige vers la sortie, à droite.)

LE DUC, l'apercevant.

Mais elle va peut-être au rendez-vous !

(Avec un mouvement vers elle pour l'avertir.)

Thérèse !

Elle s'arrête sur le seuil, le regardant. Mais il se ravise, et à lui-même.)

Non ! qu'elle y aille !...   Il me sera doux de savoir
Qu'elle fut faible au point d'y aller !...

(Et à Thérèse, tendrement.

A ce soir !

(Elle sort sans répondre.)

SCÈNE XII

LE DUC, FLAMBEAU, FANNY, LA COMTESSE

FANNY, reparaissant, à Flambeau.

Surveille où l'on en est de la pièce de Scribe!
C'est l'heure!

(Flambeau entre au théâtre. Elle fait un signe au fond et l'on voit venir un jeune
homme masqué enveloppé d'un grand manteau brun.)

FLAMBEAU, sortant du théâtre.

En ce moment, plus d'un mouchoir s'imbibe,
Parce que Stanislas est triste et Polonais!

(Il rentre dans le théâtre.)

FANNY, au duc.

Duc, voici la comtesse!

(Le jeune homme se démasque; c'est la comtesse. Ses cheveux, teints
en blond, sont coupés et coiffés comme ceux du prince, avec la raie et la
grande mèche sur le front. En descendant vers son cousin, elle ouvre son
manteau et apparaît svelte et blanche, dans le même uniforme que lui.)

LE DUC.

Oh! je me reconnais!
C'est moi qui viens vers moi dans l'ombre qui s'étonne!

(Fanny fait le guet.)

LA COMTESSE.

Bonsoir, Napoléon.

LE DUC.

Bonsoir, Napoléone.

LA COMTESSE.

Je suis très calme. Et toi?

LE DUC.

Je songe aux dangers fous
Que vous allez courir pour moi!...

LA COMTESSE, vivement.

Oh! pas pour vous!

LE DUC.

Ah?

LA COMTESSE.

Pour le nom, la gloire, et mon sang sur le trône!

191

LE DUC, souriant.

Comme tu fais sonner ta cuirasse, Amazone!

LA COMTESSE, avec fierté.

Oui, ce serait moins beau si c'était par amour!

LE DUC, se rapprochant.

Mais, à propos d'amour, lorsque tu seras pour
Me remplacer, ce soir, là-bas... si d'aventure,
Une femme venait...

LA COMTESSE, tressaillant.

Ah! j'en étais bien sûre!

LE DUC.

Raconte-lui ma fuite; et tu vas me jurer...

FLAMBEAU, reparaissant sur le seuil du théâtre.

Le vieux soldat se tait...

FANNY.

Bien!   Bien!

FLAMBEAU, rentrant dans le théâtre.

... sans murmurer!

LE DUC.

...Si ce soir elle vient, plus tard de me le dire!

LA COMTESSE.

Quoi! s'occuper d'un cœur quand, demain, c'est l'Empire!

LE DUC.

C'est parce que demain je vais être Empereur
Que j'attache, ce soir, tant de prix à ce cœur!

LA COMTESSE, brutalement.

D'autres vous aimeront!

LE DUC.

Mais pourrai-je les croire
Comme la triste enfant prête à tomber sans gloire
Qui parce qu'elle veut tomber en consolant,
Viendra ce soir, peut-être, à ce rendez-vous blanc?

LA COMTESSE, haussant les épaules.

Vous aimerez encor!

LE DUC.

Mais jamais plus, peut-être,
A quelque rendez-vous que plus tard, je puisse être,

Je n'attendrai dans l'ombre et n'ouvrirai les bras
Comme à ce rendez-vous où je ne serai pas!

LA COMTESSE, avec dépit.

Je trouve Votre Altesse extrêmement émue!

LE DUC.

Moins que si tu me dis plus tard: " Elle est venue! "

FLAMBEAU, reparaissant.

Il faut se dépêcher, car les yeux vers le ciel
Il chante quelque chose à son vieux colonel!

(Le duc et la comtesse se masquent rapidement.)

LA COMTESSE, dégrafant son manteau noir pendant que le duc détache son domino violet.

Changeons vite!

FLAMBEAU, regardant si personne ne sort du théâtre.

      Au signal!... Ne craignez rien. Je guette.
Attention!

(Il tire la baguette de son fusil qu'il lève solennellement.)

      Par la vertu de ma baguette!...

LA COMTESSE, à Flambeau.

Tu vas, peut-être, faire un César, songes-y!

FLAMBEAU.

C'est pourquoi ma baguette est celle d'un fusil!

(Le duc de Reichstadt est à droite. La comtesse est à gauche. Ils enlèvent simultanément leurs manteaux. Une seconde, il y a, dans un éclair blanc, deux ducs de Reichstadt. Mais l'échange se fait : le duc s'enveloppe du manteau noir, rabat le capuchon sur sa tête ; la comtesse jette négligemment sur une épaule le domino violet de manière à ne pas cacher l'uniforme et les croix, reste tête nue pour bien laisser voir les cheveux blonds... Et il n'y a plus qu'un duc de Reichstadt à gauche.

SCÈNE XIII

LES MÊMES, TOUT LE MONDE

FLAMBEAU, l'oreille tendue vers le théâtre d'où viennent des applaudissements et des rumeurs.

On sort!

(Le duc se sépare de la comtesse. Une musique bruyante éclate. La scène s'éclaire vivement. Car de tous côtés des laquais entrent, roulant devant eux des orangers dont le feuillage est criblé de verres lumineux. Sur chaque caisse verte on a posé deux planches que recouvre un napperon de dentelle laissant passer par un trou le tronc de l'oranger, et, sur chacune de ces petites tables d'où jaillit un arbre illuminé un somptueux petit couvert est mis. Vaisselle de vermeil. Cristaux irisés. Luxe de fleurs. Nuée de laquais poudrés qui, en un clin d'œil, flanquent chaque caisse de quatre chaises légères, et habillent les deux orangers qui étaient déjà en scène comme les nouveaux venus.—Cependant tous les masques sortent du théâtre, en farandole, se tenant par la main, sur l'air de galop qu'attaque l'orchestre. En voyant la surprise que leur réservait Metternich, ils poussent des cris d'enthousiasme. La longue chaîne dansante, conduite par l'Archiduchesse et l'Attaché français, se met à serpenter autour des orangers,—et ce sont des éclats de rire, des appels, des interjections, parmi lesquels on entend à peu près :

Les orangers !—C'est ici que l'on soupe !
—Vous marchez sur ma robe !—Hop ! hop !—Je perds ma houppe !
—Bravo, les orangers !—Dansons en rond !—Baron !
—Marquise !—Hop ! hop !—Plus vite !—Encor !—Toujours !—En rond !
—Attention : Un, deux... à trois on sépare !
Trois !

(Et la farandole se disloque.)

TOUT LE MONDE, se précipitant vers les tables pour se placer.

Hourrah !

FANNY, au duc, lui montrant la comtesse qui, restée debout au premier plan, à gauche, a été immédiatement entourée par tous les dominos mauves.

Notre essaim de femmes l'accapare !

LES DOMINOS MAUVES, autour du faux duc, feignant de coqueter pour que personne ne l'approche.

Prince!—Duc!—Monseigneur!—Altesse!

GENTZ, qui les regarde en passant, avec une jalousie de vieux galantin.

Il n'y en a

Que pour le duc ce soir !

DES MASQUES, s'appelant pour souper ensemble.

Sandor!—Zichy!—Mina!

L'ARLEQUINE masquée qu'on a appelée Mina, s'asseyant.

On me reconnaît donc ?

LA POLICHINELLE.

A ce collier de jade !

LE SCARAMOUCHE, s'attablant et regardant les petites oranges de l'oranger.

Au dessert on pourra se faire une orangeade !

UN DOMINO MAUVE, minaudant, au faux duc.

Duc!...

L'OURS, qui a ôté sa tête pour souper, lisant le menu.

Sterlets du Danube!—Et caviar du Volga!

QUATRIEME ACTE

L'ARCHIDUCHESSE, qui va et vient, plaçant les soupeurs.

Mimi de Meyendorf à la table d'Olga!

(Tout le monde est assis, excepté la comtesse qui, toujours debout à gauche, continue à marivauder avec un domino mauve. Le duc, sans la quitter des yeux, s'est attablé avec Flambeau et Fanny, à l'un des orangers.—Rires. Murmures. Le souper commence.)

GENTZ, se levant, un verre de champagne à la main.

Mesdames et Messieurs...

QUELQUES SOUPEURS, réclamant le silence.

Chut! Chut!

LE DUC, voyant la comtesse faire un pas vers la droite.

C'est la minute

Terrible...

GENTZ.

Je brandis cette première flûte

En l'honneur...

LE DUC.

Elle va pour sortir...

GENTZ.

...de l'absent

Qui régla nos plaisirs et s'en fut—nous laissant
Ces musiques, ces fleurs et ces sorbets aux pêches,—
Travailler jusqu'à l'aube et dicter des dépêches!

(Applaudissements. La comtesse profite de ce que l'attention est attirée par Gentz et se dirige, parmi les tables, vers la sortie. A mesure qu'elle avance —en imitant l'allure distraite du duc et sans avoir l'air de se presser—il se lève, de chaque table, sur son passage, un domino mauve qui l'accompagne un instant en lui faisant des agaceries, et ne la quitte que lorsqu'un autre domino mauve vient à son tour l'accaparer coquettement.)

FANNY, qui la suit des yeux, bas au duc.

Elle a bien attrapé votre pas nonchalant!

GENTZ, continuant d'une voix éclatante.

Au Prince Chancelier, Conseiller, Chambellan!
Dédions ton premier grésillement, champagne,
A Metternich, prince d'Autriche et grand d'Espagne,
Seigneur de Daruvar et duc de Portella...

FANNY, regardant toujours la comtesse qui se rapproche de plus en plus de la sortie.

Elle avance! Voyez l'air tranquille qu'elle a.

GENTZ.

Chevalier de Saint-Anne...

LE DUC, bas à Flambeau dont il serre convulsivement la main.

En parlant il nous aide,
Ce Gentz, sans le savoir!

GENTZ.

...Des Séraphins de Suède,
De l'Éléphant Danois et de la Toison d'or !...

FLAMBEAU, bas.

Pourvu que Metternich ait des titres encor!

GENTZ.

Curateur des Beaux-Arts, Magnat héréditaire...

LE DUC, fébrilement, les yeux fixés sur la comtesse qui avance toujours.

Oh! mon pas n'est pas si traînant... elle exagère!

GENTZ, avec un enthousiasme croissant.

Bailli de Malte...

LE DUC, de plus en plus énervé, voyant la comtesse s'arrêter tout près de la sortie
avec un domino mauve.

Eh bien! qu'attend-elle?

GENTZ.

Grand-croix
Du Faucon, du Lion, de l'Ours, de Charles III !...

(Il s'arrête, s'épongeant le front.)

Ouf!...

LA VOISINE DE DROITE de Gentz, à sa voisine de gauche.

Il va succomber! Il faut que tu l'éventes!

(Les deux éventails s'agitent avec une violence comique des deux
côtés de Gentz.)

GENTZ, ranimé, concluant avec emphase.

Et Membre de plusieurs Sociétés Savantes !

ENTHOUSIASME GÉNÉRAL.

Hourrah!...

(Tout le monde est debout. Les verres se choquent. La comtesse est
arrivée à la sortie avec le dernier domino mauve ; le pied sur le seuil, elle cause
et rit nerveusement, s'attarde une seconde de peur de se trahir par un départ
brusque, baise la main du domino mauve pour prendre congé...)

FLAMBEAU, bas au duc qui n'ose plus regarder.

Et pendant qu'ils trinquent de toutes parts,
Prince, elle va sortir... elle sort!...

QUATRIEME ACTE

L'ARCHIDUCHESSE, qui depuis un instant suit des yeux le faux duc,—à voix haute, de sa place.

Franz, tu pars?

(La comtesse chancelle, elle est obligée de s'adosser au treillage pour ne pas tomber.)

LE DUC, bas.

Tout est perdu!

FLAMBEAU.

Tonnerre!

L'ARCHIDUCHESSE, qui se lève et se dirige vers la comtesse.

Attends!

FANNY, attérée.

L'archiduchesse

N'est pas du complot!

L'ARCHIDUCHESSE, qui est arrivée près de la comtesse.

Franz!

(Elle lui prend le bras et d'un doux ton de reproche.)

Tu blessas ma tendresse,

Tout à l'heure, mais...

(Elle tressaille en recevant à travers le masque un regard qu'elle ne reconnaît pas. Elle s'arrête, examinant de près le bas du visage, et presque sans voix.)

Ah!...

LE DUC, qui suit cette scène.

Perdu!

L'ARCHIDUCHESSE, reculant hésitante.

Mais...

(Puis, après le siècle d'une seconde, elle reprend sa voix naturelle, et très haut, tendant la main à la comtesse :)

A demain!

LA COMTESSE, à qui l'émotion, la peur qu'elle a eue, la gratitude font perdre un instant la tête.

Ah! Madame,—comment?...

L'ARCHIDUCHESSE, vite et bas.

Baisez-moi donc la main!

(La comtesse se ressaisit, baise tout à fait en duc de Reichstadt la main de l'Archiduchesse, se redresse, et sort.)

SCÈNE XIV

LES MÊMES, moins LA COMTESSE

UN SOUPEUR, qui a vu sortir la comtesse.

Il part déjà, le duc?

TIBURCE, haussant les épaules.

Oh! il est si fantasque!

(L'Archiduchesse, en regagnant son oranger, passe devant celui où sont assis le Duc, Flambeau et Fanny.)

LE DUC, l'arrêtant au passage, d'une voix basse et émue.

Votre main... comme au duc de Reichstadt?...

L'ARCHIDUCHESSE, regarde un instant ce jeune homme encapuchonné et masqué, et lui tendant la main.

Tiens,—beau masque!

(Elle regagne sa place. Tout le monde soupe, rit, cause.)

GENTZ, se levant, un verre de champagne à la main.

Et maintenant...

(Rires et protestations.)

PLUSIEURS VOIX.

Encore!

GENTZ.

Un mot...

L'ARLEQUIN.

Gentz, allez-y!

GENTZ.

Je voulais compléter mon petit brindisi:
J'ai commis tout à l'heure un oubli... volontaire.
Car le duc de Reichstadt étant là, j'ai dû taire
Le plus beau titre de Metternich. J'ai l'honneur,
—Le duc étant sorti—de boire: *Au destructeur
De Bonaparte!*...

TOUT LE MONDE, se levant dans une subite explosion de haine joyeuse.

Au destructeur de Bonaparte!

(Mouvement du duc. Tous les verres sont levés. Flambeau vide tranquillement le sien dans le canon de son fusil.)

198

QUATRIEME ACTE

LE DUC.

Que fais-tu?

FLAMBEAU.

Je le mouille un peu, de peur qu'il parte!

(Tout le monde se rassied. La conversation devient générale. On se parle
d'un oranger à l'autre.)

LE SCARAMOUCHE, riant.

Ce Bonaparte!...

LA PETIT MARQUIS.

En somme, un faux marbre!

TIBURCE.

Du stuc!

LE DUC, indigné.

Hein?

FLAMBEAU, craignant qu'il ne se trahisse.

Songez qu'il y va de l'Empire, mon duc!

LE POLICHINELLE, dédaigneux.

Très surfait.

FLAMBEAU, toujours bas au duc, lui saisissant la main.

Prenez garde!

TIBURCE.

Officier secondaire...

Mais qu'en Égypte on a vu sur un dromadaire,
Alors!...

L'OURS.

On dit que Gentz le fait très bien!

FLAMBEAU, entre ses dents.

Cristi!

L'ARLEQUIN, à Gentz.

Fais-le!

(Gentz se lève. Mouvement du duc.)

FLAMBEAU, au duc.

N'oubliez pas que vous êtes sorti!

GENTZ, faisant rapidement descendre une mèche en pointe sur son front.

La mèche!

(Fronçant le sourcil.)

L'œil!

(Mettant la main dans son gilet.)

La main!

199

(Et satisfait.)

Voilà.

(Acclamations et rires.)

LE DUC, dont les doigts nerveux arrachent la dentelle de la nappe.

Oh!

FLAMBEAU, s'est retourné avec un mouvement furieux vers Gentz, mais la caricature même de ce qu'il aimait tant l'émeut, et calmé, il dit d'une voix sourde :

Il se moque!

Et même en se moquant, c'est beau!—car il l'évoque!

LE CROCODILE.

Vous savez qu'il tombait de cheval,—patatras!

(Rires.)

FLAMBEAU, bas au duc.

Voilà ce que, sur lui, trouvèrent les *ultras!*

LE PIERROT.

Un causeur très médiocre!...

FLAMBEAU, ironique.

Allez donc!

LE DUC.

C'est la règle!

S'ils ne pouvaient, entre eux, dire du mal de l'aigle,
Que diraient le cloporte et le caméléon?

TIBURCE.

Il ne s'appelait pas, d'ailleurs, Napoléon!

FLAMBEAU, sursautant.

Hein?

(C'est le duc maintenant qui le retient.)

TIBURCE.

Il s'est fabriqué ce nom: c'est très facile!
On veut se faire un nom magnifique...

FLAMBEAU, à part.

Imbécile!

TIBURCE.

... Qui dans l'histoire, un jour, puisse être interpolé...
On prend trois petits sons clairs et secs: *Na-po-lé*...
Et puis un bruit sourd: *on!*

L'OURS.

C'est extraordinaire!

200

QUATRIEME ACTE

TIBURCE.

Oui: *Na-po-lé*: l'éclair!... et puis: *on*, le tonnerre!

(Rires.)

UN TRIVELIN.

Quel était son vrai nom?

TIBURCE.

Ah! vous ne savez pas?

LE TRIVELIN.

Mais non!

TIBURCE.

Il s'appelait Nicolas.

FLAMBEAU, se levant furieux.

Nicolas?

TOUT LE MONDE, l'applaudissant de si bien jouer son rôle.

Ah! bravo! le grognard!

GENTZ, riant, à Flambeau.

Nicolas!

(Il lui passe un plat.)

Quelques cailles?

FLAMBEAU, prenant le plat.

Eh bien! mais... Nicolas gagnait bien les batailles!

UN PAILLASSE, avec le plus aristocratique dégoût.

Et cette cour qu'en un clin d'œil il fagota!

TIBURCE.

Quand on y parlait titre, étiquette, Gotha,
Mon cher, pour vous répondre, il n'y avait personne!

FLAMBEAU, doucement.

Il n'y avait donc pas le général Cambronne?

UNE VOIX DE FEMME.

Mais... la guerre!...

TIBURCE.

Qu'y faisait-il? Les bulletins!

LE POLICHINELLE.

Il se tenait sur des petits tertres lointains!

(Rires.)

FLAMBEAU, prêt à s'élancer.

Nom de...

LE DUC, le retenant.

Chut!

201

L'AIGLON

TIBURCE.

Une balle, un jour, fut assez bonne
Pour venir le blesser au pied, à Ratisbonne:
Juste de quoi fournir un sujet de tableau!

(Rires.)

FLAMBEAU, retenant à son tour le duc, lui dit avec rage.

Du calme!...

LE DUC.

Mais toi-même...

FLAMBEAU, dont la main depuis un instant tourmente son couteau.

Otez-moi ce couteau!

(Fanny le lui enlève.)

TIBURCE, renversé sur sa chaise et dégustant à petites gorgées
son Johannisberg.

Bref...

LE DUC, dont les ongles s'enfoncent dans le poignet de Flambeau.

Qu'il n'ajoute pas quelque chose de pire!

FLAMBEAU, suppliant.

Vous le supporterez!

LE DUC.

Oh!—pas pour un Empire!

TIBURCE, laissant tomber un mot entre chaque gorgée.

Bref—ce fameux héros—c'était...

FLAMBEAU, sentant que le duc va s'élancer,—avec désespoir.

Non, mon petit!

TIBURCE.

C'était un lâche!

LE DUC, se levant.

Oh! je...

UNE VOIX, partie du fond.

Vous en avez menti!

(Brouhaha.)

TOUT LE MONDE, debout, parlant à la fois.

Hein? Qu'est-ce? Quoi? Comment? Plaît-il? Qui ça?

GENTZ, qui est resté assis.

Tumulte.

FLAMBEAU, bas au duc.

Tout est sauvé! quelqu'un a relevé l'insulte!

QUATRIEME ACTE

TIBURCE, blême.

Qui s'est permis?

L'ATTACHÉ FRANÇAIS, qui, écartant les groupes, descend vers lui.

C'est moi.

LE SCARAMOUCHE, bas à Tiburce.

L'un des aides de camp

Du maréchal Maison!

TIBURCE.

Quoi? vous, me provoquant?

Vous qui représentez le Roi?

GENTZ, assis, terminant sa grappe de raisin.

C'est toujours drôle.

L'ATTACHÉ.

Il s'agit de la France,—et je suis dans mon rôle.

C'est contre elle tenir des propos insultants

Que d'insulter celui qu'elle aima si longtemps.

TIBURCE.

Buonaparte?

L'ATTACHÉ.

Veuillez prononcer Bonaparte.

TIBURCE, ironique.

Soit!   Bonaparte!

L'ATTACHÉ.

Non.   L'Empereur.

TIBURCE.

Votre carte?

(Échange de cartes.)

L'ATTACHÉ, saluant.

Je pars demain.   Donc, le duel, demain matin.

(Il s'éloigne et rejoint deux amis avec qui il se met à causer à voix basse.
Les violons ont repris au loin et les groupes, en chuchotant, commencent à
regagner le bal.)

FLAMBEAU, qui a disparu une seconde, à droite, vers le vestiaire, revient vêtu
d'un superbe manteau et dit vivement au duc.

Filons!   J'ai le manteau.

(Il l'ouvre et le referme.)

Dedans, c'est en satin!

TIBURCE, qui s'est rassis seul à sa table, tendant nerveusement son
verre à un laquais.

De l'eau?

LE LAQUAIS, qui est celui que le duc a envoyé au château,—tout en remplissant
le verre de Tiburce.

Monsieur est dur pour le Corse!

TIBURCE, levant les yeux sur lui, avec un étonnement hautain.

Hein?

LE LAQUAIS, baissant la voix.

Plus tendre.

Votre sœur, pour son fils!...

(Mouvement de Tiburce.)

Voulez-vous les surprendre?

TIBURCE.

Quand?

LE LAQUAIS.

Ce soir.

TIBURCE.

Où?

LE LAQUAIS.

Je sais.

TIBURCE, lui faisant signe d'aller l'attendre dehors.

Attends-moi près d'ici!

(Le laquais s'éloigne. Tiburce se lève et la main sur sa grande rapière
de capitan.)

Je vais débarrasser l'Autriche!

Cependant LE DUC, avant de partir avec Flambeau qui l'attend sur le seuil, est
allé vers l'attaché qui a fini de causer avec ses amis, et lui mettant la main sur
l'épaule.

Vous, merci!

L'ATTACHÉ, se retournant,

De quoi donc?

(Le duc soulève son masque une seconde. L'attaché va pousser un cri.)

LE DUC, mettant un doigt sur ses lèvres.

Chut!

L'ATTACHÉ, bas.

Le duc?

LE DUC.

Un complot.

QUATRIEME ACTE

L'ATTACHÉ, surpris de cette confiance.

Je m'étonne...

LE DUC, avec une grâce fière.

Je n'ai que mon secret, Monsieur: je vous le donne.

(Vite et bas.)

Rendez-vous à Wagram, ce soir.   Soyez-y!

L'ATTACHÉ.

Moi?

LE DUC.

N'êtes-vous pas à nous?

L'ATTACHÉ.

Je suis fidèle au roi.

LE DUC.

C'est bien! Mais tu te bats pour mon père, à ma place.
Et c'est en toi, ce soir, un peu de moi qui passe!...

(Il remonte, en le saluant.)

—A bientôt!

L'ATTACHÉ, le suivant.

Vous croyez me gagner?...

LE DUC.

J'en suis sûr.

Mon père a bien conquis Philippe de Ségur!

L'ATTACHÉ, avec fermeté.

Demain je rentre en France, et je tiens à vous dire...

LE DUC, souriant.

Vous êtes un futur maréchal de l'Empire!

L'ATTACHÉ.

... Que si l'on fait, sur vous, marcher mon régiment,
Je saurai commander le feu.

LE DUC.

Parfaitement.

(Il lui tend la main.)

Serrons-nous donc la main, avant de nous combattre.

(Les deux jeunes gens se prennent la main.)

L'ATTACHÉ, *avec une extrême courtoisie.*

Avez-vous pour Paris—car j'y serai le quatre—
Quelques commissions? L'honneur me serait doux...

LE DUC, *souriant.*

Je compte être rendu dans... l'Empire avant vous!

L'ATTACHÉ.

Si pourtant, avant vous, j'étais dans le... Royaume?

LE DUC.

Saluez de ma part la colonne Vendôme.

(Il sort. Le rideau tombe.)

ACTE V

LES AILES BRISÉES

ACTE V

LES AILES BRISÉES

Une plaine. Quelques buissons bas ; un tertre dont l'herbe frissonne d'un vent éternel ; une petite cabane construite de débris d'affûts et de caissons et qu'entourent de maigres géraniums ; la route qui passe ; le poteau de la route, rayé des couleurs autrichiennes ; et c'est tout. Des champs et du ciel, des épis et des étoiles... Une plaine. Une plaine immense. La plaine de Wagram.

SCÈNE PREMIÈRE

LE DUC, FLAMBEAU, PROKESCH

(Tous les trois, immobiles dans leurs manteaux, attendent. Silence,—
pendant lequel on entend le vent souffler.)

LE DUC, ouvrant son manteau pour que le vent s'y engouffre,
et le refermant brusquement.

Tiens! je prends de ton vent, Wagram, dans mon manteau!

(A Flambeau qui regarde, sur la route, vers la gauche.)

Les chevaux?

FLAMBEAU.

Pas encor. Nous arrivons trop tôt.

LE DUC.

Au premier rendez-vous que me donne la France,
Je dois, comme un amant, arriver en avance!...

(Il se met à se promener de long en large et arrive devant le poteau. Il s'arrête.)

Leur poteau!... jaune et noir!... Ah! je vais donc pouvoir
Marcher sans rencontrer un poteau jaune et noir!
Sur de doux poteaux blancs des noms charmants vont luire.
Oh! lire: *Chemin de Saint-Cloud!* au lieu de lire:

(Il monte sur une pierre pour lire l'écriteau.)

Route de Grosshofen!

(Tout d'un coup, se souvenant.)

Tiens! mais... mon régiment
Se rend à Grosshofen, à l'aurore!

FLAMBEAU.

Comment?

LE DUC.

J'ai donné l'ordre hier, quand j'ignorais encore...

FLAMBEAU.

Nous serons loin, quand ils passeront, — à l'aurore.

(Un homme sort de la petite cabane, un vieux paysan, à barbe blanche, et
manchot.)

LE DUC.

Cet homme?

FLAMBEAU.

Il est à nous. Sa cabane nous sert
De rendez-vous.—Ancien soldat. Dans ce désert
Explique la bataille aux étrangers.

CINQUIEME ACTE

LE PAYSAN, apercevant un groupe, étend machinalement sa main vers l'horizon, et commence, d'une voix de guide.

A gauche...

FLAMBEAU, s'avançant.

Non; moi, je la connais!

(Le paysan, le reconnaissant, sourit et salue. Flambeau allume son petit brûle-gueule français à la longue pipe allemande du vieux.)

PROKESCH, à Flambeau.

Qu'est-ce qui le débauche

Du service autrichien?

LE PAYSAN, qui a entendu.

Monsieur, j'étais mourant.

Je me traînais par là. Napoléon le Grand
Vint à passer...

FLAMBEAU.

Toujours il parcourait la plaine,

Le lendemain.

LE PAYSAN.

Le grand Empereur prit la peine

D'arrêter son cheval, et devant lui,—devant...
Il me fit amputer par son docteur.

FLAMBEAU.

Yvan.

LE PAYSAN.

Donc, si son fils s'ennuie à Vienne,—qu'il émigre!
Moi, je l'aide!...

(A Flambeau, fièrement, en tapant sur sa manche vide.)

Le bras—coupé—devant lui!

FLAMBEAU.

Bigre!

On n'a pas tous les jours la satisfaction
D'avoir le bras coupé devant Napoléon!

LE PAYSAN, avec un geste résigné.

La guerre!...

(Les deux vétérans se sont assis sur le petit banc qui tient à la cabane, et côte à côte, ils fument, laissant de temps en temps échapper rêveusement un mot.)

On se battait!...

211

FLAMBEAU.

On mourait.

LE PAYSAN.

Nous mourûmes.

FLAMBEAU.

On allait!...

LE PAYSAN.

Nous aussi.

FLAMBEAU.

On tirait, dans des brumes!...

LE PAYSAN.

Nous aussi.

FLAMBEAU.

Puis après, quelque officier noirci
Venait nous dire: On est vainqueur!

LE PAYSAN.

A nous aussi.

FLAMBEAU, se levant, indigné.

Hein?...

(Il hausse les épaules et souriant.)

Au fait!...

(Et serrant la main au vieux.)

Si quelqu'un nous entendait!

LE DUC, immobile, au fond.

J'écoute.

LE PAYSAN, philosophiquement, regardant ses fleurs.

Bah! mes géraniums poussent bien!

FLAMBEAU, hochant la tête.

Je m'en doute!

(Il montre le coin où fleurissent les géraniums.)

Tiens! à cet endroit même: onze petits tambours!

LE DUC, se rapprochant.

Onze petits tambours?...

FLAMBEAU.

Je les revois toujours!
—C'étaient, sous leurs shakos, onze boules pareilles

Entre l'écartement naïf de leurs oreilles;
Onze, qui sans savoir ni le but ni le plan,
Marchaient, heureux de vivre, en faisant *ran plan plan!*
On les blaguait un peu, car ayant su lui plaire,
Ils étaient les chouchous de notre cantinière;
Mais lorsqu'ils tricotaient la charge, ces tapins,
Lorsqu'ils tapaient, pareils à des petits lapins,
Sur leurs onze tambours de leurs vingt-deux baguettes,
Ce tonnerre faisait frémir nos baïonnettes,
Dont les zig-zags d'acier semblaient dire, dans l'air:
" Nous n'avons pas pour rien la forme d'un éclair! "
—C'est là, que le crachat d'un gros tousseur de bronze
Prit ces onze tambours en file, et...

(Avec un geste qui fauche.)
Tous les onze!

(Il se tait une seconde, pieusement,—et reprend plus bas.)
Il fallait voir la cantinière!...—ah! sacrebleu!—
Elle avait relevé son grand tablier bleu,
Comme ces vieilles font qui glanent dans la plaine,
Et, folle, elle glanait des baguettes d'ébène.

(Secouant son émotion.)
...Mais de parler de ça, ça vous enroue!...

(Toussant pour
s'éclaircir la voix.)
Hum! Hum!

(Il cueille un géranium, et avec une brusque gaieté.)
Recette pour changer un vil géranium
En Légion d'honneur: on ôte trois pétales!

(Il arrache trois pétales ; les deux qui restent forment un minuscule papillon
rouge, et il le place à la boutonnière de son pardessus en lui disant.)
Hein? Sur mon beau revers de velours, tu t'étales?...

(Au duc, lui désignant du menton cette décoration improvisée.)
C'est bien celle que tu me donnas, Monseigneur?

LE DUC, mélancoliquement.

Je l'ai donnée en rêve!...

FLAMBEAU.

Et je la porte en fleur.

(Depuis un instant, au fond, des hommes à grands manteaux arrivent, se serrent
la main, se groupent.)

SCÈNE II

Les Mêmes, MARMONT, LES CONSPIRATEURS

UNE OMBRE, se détachant du groupe et descendant vers le duc et Flambeau.
Sainte-Hélène.

FLAMBEAU, répondant.
Schœnbrunn.

LE DUC, reconnaissant celui qui s'est avancé.

Marmont!

MARMONT, s'inclinant.

Duc, bonne chance!

LE DUC, désignant ceux qui restent au fond.

Ces ombres?

MARMONT.

Vos amis.

LE DUC.

Ils restent à distance?

MARMONT.

C'est que de déranger Votre Altesse ils ont peur,
Et, Sire, que déjà vous êtes l'Empereur.

LE DUC, frissonne, et après un silence.

Empereur?... Moi?... demain!...—Je te pardonne,
    traître!
      J'ai vingt ans et je vais régner!
... Ah! mon Dieu! que c'est beau d'avoir vingt ans et d'être
        Fils de Napoléon premier!

Ce n'est pas vrai que je suis faible et que je tousse!
      Je suis jeune, je n'ai plus peur!
Empereur?... Moi?... demain!...—Comme la nuit est
    douce!...

LA VOIX D'UN CONSPIRATEUR, arrivant.
Schœnbrunn.

UNE AUTRE VOIX, répondant.
Sainte-Hélène.

LE DUC.

Empereur!...

CINQUIEME ACTE

Ah! je la sens ce soir assez vaste, mon âme,
    Pour qu'un peuple y vienne prier!
Il me semble que j'ai pour âme Notre-Dame!...

UNE VOIX.

Sainte-Hélène.

UNE AUTRE.

Schœnbrunn.

LE DUC.

        Régner!...

Régner!—C'est dans ton vent dont le parfum de gloire
    Commence à me rapatrier,
Qu'au moment de partir je devais venir boire,
    Wagram, le coup de l'étrier!

Régner!—Qu'on va pouvoir servir de grandes causes,
    Et se dévouer à présent!
Reconstruire, apaiser, faire de belles choses!...
    Ah! Prokesch, que c'est amusant!

Prokesch, tous ces vieux rois dont les âmes sont sourdes,
    Oh! comme ils doivent s'ennuyer!
J'ai les larmes aux yeux.   Je me sens les mains lourdes
    Des grâces que je vais signer!

Peuple qui de ton sang écrivis la Légende,
    Voici le fils de l'Empereur!
Oh! toute cette gloire il faut qu'il te la rende,
    Et qu'il te la rende en bonheur!

Peuple, on m'a trop menti pour que je sache feindre!
    J'ai trop souffert pour t'oublier!
Liberté, Liberté, tu n'auras rien à craindre
    D'un prince qui fut prisonnier!

La guerre désormais, ce n'est plus la conquête,
    Mais c'est le droit que l'on défend!...
(Ah! je vois une mère, au-dessus de sa tête,
    Élever vers moi son enfant!)

L'AIGLON

D'autres noms, désormais, je veux qu'on s'émerveille
    Que Wagram et que Rovigo;
Mon père aurait voulu faire prince Corneille:
    Je ferai duc Victor-Hugo!

Je ferai... je ferai... je veux faire... je rêve...
      (Il va et vient, s'enivrant, s'enfiévrant; on s'écarte avec respect.)
    Ah! je vais régner! J'ai vingt ans!
Une aile de jeunesse et d'amour me soulève!
    Ma Capitale, tu m'attends!

Soleil sur les drapeaux! multitudes grisées!
    O retour, retour triomphal!
Parfum des marronniers de ces Champs-Élysées
    Que je vais descendre à cheval!

Il m'acclamera donc, ce grand Paris farouche!
    Tous les fusils seront fleuris!
—On doit croire embrasser la France sur la bouche,
    Lorsqu'on est aimé par Paris!

Paris! j'entends déjà tes cloches!
        UNE VOIX.
          Sainte-Hélène.
        UNE AUTRE.
Schœnbrunn.
        LE DUC.
    Paris! Paris! je vois...
Je vois déjà dans l'eau tremblante de la Seine,
    Le Louvre renverser ses toits!

Et vous qui présentiez à mon père les armes,
    Dans la neige et dans le simoun,
Vieux soldats, sur mes mains je sens déjà vos larmes!...
Paris!
        UNE VOIX DANS L'OMBRE.
    Sainte-Hélène.
        UNE AUTRE.
        Schœnbrunn.

CINQUIEME ACTE

FLAMBEAU, au duc qui, épuisé, chancelle.

Qu'avez-vous?

LE DUC, se raidissant.

Moi?... Rien! rien!

PROKESCH, lui prenant la main.

Vous brûlez!

LE DUC, bas.

Jusqu'aux moelles!...

(Haut.)

—Mais ça s'en va quand je galope! Et les étoiles
Scintillent comme des molettes d'éperons!
Et voici les chevaux! et nous galoperons!

(On vient d'amener des chevaux. Flambeau prend par la bride celui qui est destiné au duc et le lui amène.)

PROKESCH, à Marmont lui montrant les conspirateurs.

Pourquoi ces gens sont-ils venus?

MARMONT.

Mais pour qu'on sache
Qu'ils ont trempé dans le complot!...

LE DUC.

Une cravache!

UN CONSPIRATEUR, lui en tendant une et se présentant, dans un salut.

Le vicomte d'Otrante!

LE DUC, avec un léger recul.

Hein? le fils de Fouché?

FLAMBEAU.

Ce n'est pas le moment d'en être effarouché!

(Il arrange le cheval.)

L'étrier long?

LE DUC.

Non, court.

UN AUTRE CONSPIRATEUR, saluant.

Cet homme qui s'incline,
C'est Goubeaux, le meilleur agent de la cousine
De Votre Majesté...

(Il salue encore.)

Goubeaux.

217

LE DUC.

Bien.

GOUBEAUX, resaluant.

L'agent chef.

UN AUTRE CONSPIRATEUR, qui s'est vite avancé.

Pionnet!... Je représente ici le roi Joseph;
C'est moi qui de sa part apportais les subsides...

LE DUC, à Flambeau qui dispose les brides.

Le filet seulement!

UN AUTRE CONSPIRATEUR, s'avançant et saluant.

J'ai disposé les guides,
Les relais.   Vous pourrez, au village prochain,
Vous déguiser.

(Il salue en se nommant.)

Morchain.

FLAMBEAU.

Oui, oui, Machin!

LE CONSPIRATEUR, criant.

Morchain!

UN AUTRE.

On m'a chargé des passeports: besogne ingrate!...
Voilà!

(Il remet les passeports à Flambeau et ajoute avec satisfaction.)

C'est merveilleux, aujourd'hui, comme on gratte!

(Il salue.)

Guibert!...

TOUS, parlant à la fois autour du cheval.

Goubeaux!... Pionnet!... Morchain!...

FLAMBEAU, les repoussant.

Nous comprenons!

UN D'EUX, saisissant l'étrier pour le tenir au duc.

Feu votre père avait la mémoire des noms!

UN AUTRE, se précipitant, et se nommant.

Borokowski!   C'est moi—que Monseigneur s'informe!—
Qui fis faire pour la comtesse l'uniforme!

CINQUIEME ACTE

LE DUC, nerveux.

C'est bon! c'est bon! de tous je me souviendrai bien!
Et mieux encor de celui-là—qui ne dit rien!

(Il désigne, de la cravache, un homme qui est resté dédaigneusement à
l'écart enveloppé dans son manteau.)

Ton nom?

(L'homme se découvre, s'avance, et le duc reconnaît l'attaché français.)

Quoi!.vous ici?

L'ATTACHÉ, vivement.

Pas en partisan, Prince;
En ami seulement!... Certes pour que je vinsse
Il fallut...

FLAMBEAU.

A cheval! Le ciel blanchit vers l'Est!

LE DUC.

J'empoigne la crinière!—*Alea jacta est!*

(Il met le pied à l'étrier.)

L'ATTACHÉ.

Duc, à ce rendez-vous, si j'ai voulu me rendre,
C'était pour vous défendre, au besoin!

LE DUC, qui allait sauter en selle, s'arrêtant.

Me défendre?

L'ATTACHÉ.

J'ai cru que vous couriez un danger.

LE DUC, tourné vers lui, le pied toujours à l'étrier.

Un danger?

L'ATTACHÉ.

Ce drôle,—que demain je compte endommager,—
Quittait le bal tantôt sans m'envoyer le moindre
Témoin. Je lui cours donc après. Je vais le joindre,
Quand dans l'ombre il accoste un autre individu...
Et je reste cloué par un mot entendu!
Il était question de tuer Votre Altesse
Surprise au rendez-vous, ce soir.

LE DUC, avec un cri d'effroi.

Dieu! la comtesse!

219

L'ATTACHÉ.

Le rendez-vous... c'était ici. Je le savais.
Par vous. J'y suis venu. Tout va bien. Je m'en vais!

LE DUC.

Le rendez-vous? Mais c'est le pavillon de chasse!
Ils vont assassiner la comtesse à ma place!
—Rentrons!

CRI GÉNÉRAL.

Oh! non!

UN CONSPIRATEUR.

Pourquoi?

LE DUC, avec désespoir.

La comtesse!...

PROKESCH, voulant le retenir.

Elle peut

Se faire reconnaître...

LE DUC.

Ah! tu la connais peu!
Mais cette femme-là se fera, par ces brutes,
Tuer dix fois pour que je gagne dix minutes!
—Rentrons!...

PLUSIEURS.

Non!

LE DUC.

Je ne peux pourtant—rentrons là-bas!—
Souffrir qu'on m'assassine et que je n'y sois pas!

D'OTRANTE.

Tous nos efforts perdus!

UN CONSPIRATEUR, furieux.

S'il faut qu'on reconspire!

MARMONT.

Vous ne pourrez plus fuir!

UN AUTRE.

Et la France?

UN AUTRE.

Et l'Empire?

(Ils sont tous autour de lui.)

CINQUIEME ACTE

LE DUC.

Arrière!

MARMONT.

Il faut partir!

LE DUC, avec force.

Il faut rentrer!

PROKESCH.

Oui mais...

Rentrer, c'est abdiquer peut-être à tout jamais
La couronne!

LE DUC.

Partir, c'est abdiquer mon âme!

MARMONT.

On peut sacrifier quelquefois!...

LE DUC.

Une femme?

MARMONT.

Risquer, pour une femme, au moment du succès...

FLAMBEAU.

Allons! décidément, c'est un prince français!

LE VICOMTE D'OTRANTE, résolument au duc.

Voulez-vous partir?

LE DUC.

Non!—Otez-vous, que je passe!

LE VICOMTE D'OTRANTE, aux autres.

S'il ne veut pas partir, qu'on l'enlève!

TOUS, se précipitant vers le duc.

Oui! Oui!

LE DUC, levant sa cravache.

Place!

Place! ou, levant ce jonc qui vous cravachera,
Je charge à la façon de mon oncle Murat!
—A moi, Prokesch! Flambeau!

UN CONSPIRATEUR.

De force, il faut le prendre!

LE DUC, à l'attaché français.

Et vous! vous qui veniez ici pour me défendre,
C'est en voulant m'ôter le scrupule et la foi
Qu'on veut m'assassiner vraiment: défendez-moi!

L'ATTACHÉ.

Non, Monseigneur, partez!

LE DUC.

Moi?   Comment?   Que je laisse?...

L'ATTACHÉ.

Partez, je vais aller défendre la comtesse!

LE DUC.

Et vous qui n'êtes pas, Monsieur, mon partisan,
Vous assureriez donc ma fuite?

L'ATTACHÉ.

Allez-vous-en!
Ce que j'en fais, c'est pour cette femme!

LE DUC.

Sans doute,
Mais...

L'ATTACHÉ, à Prokesch.

Courons tous les deux!—Prokesch connaît la route!

LE DUC, hésitant encore.

Je ne peux...

PLUSIEURS VOIX.

Si! si! si!

MARMONT.

C'est le meilleur parti!

(On entend le galop d'un cheval.)

TOUS.

Partez donc!

LA COMTESSE, apparaissant dans l'uniforme du duc, couverte
de boue, pâle, échevelée, hors d'haleine.

Malheureux!—vous n'êtes pas parti!

SCÈNE III

Les Mêmes, LA COMTESSE

LE DUC, éperdu.

Vous!... Mais on m'avait dit!... Pouvais-je fuir?

LA COMTESSE, rageusement.

Oui, certe!

LE DUC.

Une femme...

LA COMTESSE, avec mépris.

Une femme! eh bien, la grande perte!

LE DUC, balbutiant.

Mais je...

LA COMTESSE.

Mais vous deviez m'abandonner!

LE DUC.

Songez...

LA COMTESSE, furieuse.

Je songe au temps perdu!

LE DUC.

Vos dangers...

LA COMTESSE.

Quels dangers?

LE DUC.

Nos alarmes pour vous étaient...

LA COMTESSE, fièrement.

Quelles alarmes?
—Flambeau n'a-t-il donc pas été mon maître d'armes?

LE DUC.

Mais cet homme?...

LA COMTESSE.

Partez!

LE DUC.

Qu'avez-vous fait?

LA COMTESSE.

Oh! rien!

Il a tiré son sabre—et j'ai tiré le mien!

LE DUC.

Pour moi!... tu t'es battue?

LA COMTESSE.

      "Oh! oh! le fils du Corse "
Grondait-il, " j'ignorais qu'il fût de cette force! "
—" Il ne s'en doutait pas lui-même! "... Mais ma voix...

LE DUC, voyant du sang à la main de la comtesse.

Ah! vous êtes blessée!

LA COMTESSE, secouant dédaigneusement le sang.

     Oh! ce n'est rien,—les doigts!...
... Mais ma voix me trahit: " Une femme? " Il recule.
—" Défends-toi donc! "—" Je ne peux pas, c'est ridicule!
Cette femme n'est pas le chevalier d'Éon! "
—" Défends-toi! cette femme est un Napoléon! "
Sentant sa lame, alors, par la mienne rejointe,
Il fonce!... et je lui fais...

FLAMBEAU.

      Le coup de contre-pointe!

LA COMTESSE, mimant le coup.

Un! deux!

FLAMBEAU.

   Vous avez dû l'étonner rudement!

LA COMTESSE.

Il ne reviendra pas de son étonnement!

LE DUC, se rapprochant, à voix basse.

Dieu!—mais la jeune fille, alors?

LA COMTESSE, haussant les épaules, à voix haute.

      Que vous importe?

LE DUC.

Chut!—Est-elle venue?

LA COMTESSE, après une seconde d'hésitation.

    Eh bien... non! Quand la porte
S'écroula tout à coup sous un poing furieux,
J'étais seule!

LE DUC.

   Elle n'est pas venue!—Ah?...

(Et avec un léger dépit mélancolique.)

     Tant mieux!

CINQUIEME ACTE

LA COMTESSE.

Mais des gens arrivaient au bruit. Si l'on m'arrête
Le plan est découvert trop tôt! Je perds la tête.
Je sors en tâtonnant. J'entends je ne sais qui
Crier d'aller chercher Monsieur de Sedlinsky...
Et je fuis en prenant votre cheval de selle!
—Je l'ai crevé!—je n'en peux plus!...

LE DUC.

Elle chancelle!

(Prokesch et Marmont la soutiennent.)

LA COMTESSE, défaillante.

Après ce que j'ai fait, ah! j'espérais au moins
Apprendre son départ, ici, par les témoins!...

UN DES CONSPIRATEURS, qui faisait le guet sur la route, accourant, à la comtesse.

Vous êtes poursuivie!—et dans une minute...

(Mouvement de tous pour fuir.)

LE DUC, criant.

Soignez-la! cachez-la! là, dans cette cahute!

(Il montre le cabane que le paysan leur ouvre vivement.)

LA COMTESSE, qu'on emporte à moitié évanouie vers la cabane.

Partez!

LE DUC, interrogeant anxieusement ceux qui l'emportent.

Elle n'a rien?

LA COMTESSE.

Mais partez donc! ah! si
Votre père, Monsieur, pouvait vous voir ici,
Faible, attendri, nerveux, flottant comme vous l'êtes...
Mais cela lui ferait hausser les épaulettes!

LE DUC, s'élançant pour fuir.

Adieu!

SCÈNE IV

LES MÊMES, SEDLINSKY, DES POLICIERS.

FLAMBEAU, se retournant et apercevant des policiers qui sont arrivés en courant.

Nous sommes pris!

(En un clin d'œil, la petite bande est cernée.)

LA COMTESSE, avec désespoir.

Trop tard!

SEDLINSKY, s'avançant vers elle.

Oui, Monseigneur!

LA COMTESSE, au duc avec rage.

Ah! songe-creux! idéologue! barguigneur!

SEDLINSKY, qui s'est retourné vers celui qu'apostrophe la comtesse, aperçoit le duc. Il recule en s'écriant.

Votre Altesse...

(Se retournant vers la comtesse.)

Votre Alt...

(Se retournant vers le duc.)

Votre Alt...

FLAMBEAU.

Ça, ça le trouble!

SEDLINSKY, souriant et commençant à comprendre.

Tiens!...

FLAMBEAU.

Vous avez soupé, Monsieur: vous voyez double!

SEDLINSKY.

Tiens! tiens!

(Après avoir, d'un coup d'œil rapide, noté tous ceux qui sont là.)

Retirez-vous d'abord, Monsieur Prokesch.

(Prokesch s'éloigne après un regard d'adieu au duc.)

FLAMBEAU, avec un soupir.

Ah! nous ne serons pas sacré par l'oncle Fesch!

CINQUIEME ACTE

SEDLINSKY, à deux policiers, leur désignant l'attaché français.

Reconduisez Monsieur.

(A l'attaché.)

Vous, dans cette aventure?

Votre gouvernement le saura.

LE DUC, s'avançant vivement.

Je vous jure

Que Monsieur n'est pas du complot, et je ne puis...

L'ATTACHÉ.

Oh! pardon! maintenant qu'on arrête, j'en suis!

LE DUC, lui serrant la main avant qu'on ne l'emmène.

Au revoir, donc!...

(A Sedlinsky, avec mépris.)

Allons, policier, fais du zèle!

SEDLINSKY, à deux autres agents, en leur montrant la comtesse.

Vous, vous ramènerez le faux prince... chez elle.

(Deux hommes s'avancent et vont empoigner brutalement la comtesse.)

LE DUC, d'une voix qui les fait reculer.

Avec tous les égards qu'on me doit!...

LA COMTESSE, tressaillant à cette voix impérieuse.

Ce ton bref!...

(Elle se jette dans ses bras en pleurant.)

Ah! malheureux enfant, tu pouvais être un chef!

(Elle sort, suivie de deux policiers.)

SEDLINSKY, affectant de ne pas regarder le reste des conspirateurs.

Pour les autres... fermons les yeux!... qu'on en profite!

(Les conspirateurs chuchotent entre eux.)

L'UN D'EUX.

Je crois...

UN AUTRE, hochant la tête avec gravité.

... Dans l'intérêt du parti...

UN TROISIÈME.

Filons vite!

(Leur nombre diminue immédiatement. Le reste sort avec une lenteur plus décente. D'Otrante a pris le bras de Marmont. Ils causent avec de grands gestes nobles. On entend :

... Se réserver... Plus tard... Le moment opportun...

Et il n'y a plus personne.)

FLAMBEAU, à Sedlinsky.

Et maintenant, rouvrez les yeux!... Il en reste un!

LE DUC.

Oh! fuis! pour moi!...

FLAMBEAU.

Pour vous?...

(Après une seconde d'hésitation, il va suivre les autres.)

Mais SEDLINSKY, à qui un des policiers vient de parler bas, crie :

Halte!

(On barre le chemin à Flambeau. Dix pistolets se braquent sur lui.
Sedlinsky au policier qui lui a parlé :)

C'est lui!

LE POLICIER.

Peut-être.

(Il tire de sa poche un papier qu'il passe à Sedlinsky en disant :)

Réclamé par Paris...

SEDLINSKY, parcourant des yeux le signalement, à la lueur d'une lanterne
sourde que tient le policier.

Comment le reconnaître?

(Il lit.)

Nez moyen... front moyen... œil moyen...

FLAMBEAU, goguenard.

Pas moyen!

SEDLINSKY, feignant de lire à la suite.

Deux balles... dans le dos.

FLAMBEAU, bondissant.

Ça, c'est faux!

SEDLINSKY, souriant.

Je sais bien.

FLAMBEAU, voyant qu'il s'est trahi.

Je suis perdu.—C'est bon.—Du luxe! Une débauche!
Fleurissons l'arme avant de la passer à gauche.

LE DUC, à Sedlinsky.

Le livrer à la France!

SEDLINSKY.

Oui.

LE DUC.

Comme un criminel?

Vous n'avez pas le droit!

CINQUIEME ACTE

SEDLINSKY.

Mais nous le prendrons.

LE DUC.

Ciel!

FLAMBEAU.

Il était immoral que tu t'accoutumasses
A ne jamais purger, Flambeau, tes contumaces!

SEDLINSKY, qui vient de consulter de nouveau le signalement.

Il n'est pas décoré d'ailleurs.—Port illégal!

(A un policier, lui désignant la boutonnière de Flambeau.)

Otez-lui donc ce rouge!

FLAMBEAU.

Otez. Ça m'est égal.

(D'un géranium prestement cueilli, il refleurit le revers de son pardessus.)

Ça repousse tant que je veux sur ma pelure!

SEDLINSKY.

Otez-lui son manteau!

(On arrache à Flambeau le manteau qu'il avait emporté du bal, et il apparaît dans son uniforme de grenadier. Sedlinsky sursaute.)

Hein? Quoi?

FLAMBEAU, souriant.

J'ai plus d'allure.

LE DUC, avec angoisse.

Mais que va-t-on te faire?

FLAMBEAU, froidement.

A Ney, que lui-fit-on?

LE DUC.

Non! ce n'est pas possible!

FLAMBEAU.

Un feu de peloton!

—Rrrran!

LE DUC, poussant un cri.

Ah!

FLAMBEAU.

J'ai toujours fait aux balles la risette;
Mais ces françaises-là... non, pas de ça, Lisette!

(Et sa main, doucement, gagne sa poche.)

229

LE DUC, courant à Sedlinsky, suppliant.

Vous n'allez pas livrer cet homme?

SEDLINSKY.

Sans surseoir!

FLAMBEAU.

Séraphin, c'est la fin!   Flambé, Flambeau!   Bonsoir!

(Sans qu'on s'en aperçoive, il a tiré et ouvert son couteau. Il a l'air de se croiser tranquillement les bras : sa main droite, où brille la lame, disparaît sous son coude gauche ; on voit les bras se resserrer sur la poitrine, pour appuyer. Et il reste debout, très pâle, les bras croisés.)

SEDLINSKY.

Marchons!

(On pousse Flambeau pour qu'il marche.)

LE DUC.

Mais qu'a-t-il donc?   Il chancelle?

UN POLICIER, grossièrement.

Il titube!

FLAMBEAU, envoyant d'un revers de main le chapeau du policier à vingt pas.

Le duc vous parle!   Otez cette espèce de tube!

(Dans le geste qu'il fait, il découvre sa poitrine : elle est tachée de rouge, à gauche.)

LE DUC.

Flambeau! tu t'es tué!

FLAMBEAU.

Pas du tout, Monseigneur!

Mais je me suis refait la Légion d'honneur!

(Il tombe.)

LE DUC, s'élançant devant lui et arrêtant Sedlinsky et les policiers qui vont pour le relever.

Je ne veux pas qu'un seul de vos hommes le touche!
Ce clair soldat touché par un policier louche!...
Je ne veux pas.—Laissez-nous seuls.—Allez-vous-en!

FLAMBEAU, d'une voix étouffée.

Monseigneur...

SEDLINSKY, désignant à ses hommes le vieux paysan qui s'est approché de Flambeau avec émotion.

Emmenez ce gueux de paysan!

(On sépare les deux vieux soldats et on entraîne l'autrichien.)

LE DUC.

J'attendrai là mon régiment. L'aube est prochaine!...
L'étendard saluera de son bouquet de chêne
Sur l'air triste et guerrier que mes hongrois joueront...
(Il regarde Flambeau.)
Et ce sont des soldats qui le ramasseront!

SEDLINSKY, bas à un policier.

Les chevaux?

LE POLICIER, bas.

Supprimés.

SEDLINSKY.

Bien. Alors qu'on le laisse!

Il ne peut fuir.

(Haut, avec une affectation de douceur.)

On peut céder à Son Altesse...

LE DUC, violemment.

Allez-vous-en!

SEDLINSKY, reculant, et d'un ton de condoléance.

Oui... oui... je comprends votre émoi!

LE DUC, le balayant du geste.

Je vous chasse!

SEDLINSKY, voulant se redresser.

Pardon...

LE DUC, montrant la plaine de Wagram.

Je suis ici chez moi!

(Sedlinsky et ses hommes s'éloignent.)

SCÈNE V

LE DUC, FLAMBEAU

FLAMBEAU, se soulevant sur les poignets.

C'est drôle tout de même,—ici—sur cette terre,
Où je me suis déjà fait tuer pour le père,
De venir retomber pour le fils aujourd'hui!

LE DUC, agenouillé près de lui, avec désespoir.

Non! ce n'est pas pour moi que tu meurs, c'est pour lui!
Pas pour moi! pas pour moi! je n'en vaux pas la peine!

L'AIGLON

Pour lui?

Mais oui, pour lui!

(Et dans une brusque inspiration.)

C'est Wagram, cette plaine!

(Il lui crie tout bas.)

Wagram!

FLAMBEAU, rouvrant des yeux vagues.

Wagram!...

LE DUC, d'une voix pressante, —essayant de ramener dans le passé
cette âme qui vacille.

Vois-tu Wagram?... Reconnais-tu
La plaine, la colline et le clocher pointu?

FLAMBEAU.

Oui..

LE DUC.

Sens-tu, sous ton corps, la terre qui tressaille?
C'est le champ de bataille!... Entends-tu la bataille?

FLAMBEAU, dont les yeux se réveillent.

La bataille!...

LE DUC.

Entends-tu ces confuses rumeurs?

FLAMBEAU, se cramponnant à cette belle illusion.

Oui... oui... c'est à Wagram, n'est-ce pas, que je meurs?

LE DUC.

Vois-tu passer, traînant son cavalier par terre,
Ce cheval schabraqué d'une peau de panthère?

(Il se lève et, debout maintenant, il raconte à Flambeau couché dans
l'herbe :)

Nous sommes à Wagram. L'instant est solennel.
Davoust s'est élancé pour tourner Neusiedel.
L'Empereur a levé sa petite lunette.
On vient de te blesser d'un coup de baïonnette.
Je t'ai transporté là sur ce talus, et j'ai...

FLAMBEAU.

Est-ce que les chasseurs à cheval ont chargé?

LE DUC, montrant du doigt de lointains brouillards.

Tout ce bleu qui du blanc des baudriers se raye,
Ce sont les tirailleurs, là-bas!

FLAMBEAU, avec un faible sourire.

Général Reille.

LE DUC, ayant l'air de suivre la bataille.

Mais l'Empereur devrait envoyer Oudinot!
Mais il laisse enfoncer sa gauche!

FLAMBEAU, clignant de l'œil.

Ah! le finaud!

LE DUC.

On se bat! on se bat! Macdonald se dépêche,
Et Masséna blessé passe dans sa calèche!

FLAMBEAU.

Si l'archiduc s'étend sur sa droite, il se perd!

LE DUC, criant.

Tout va bien!

FLAMBEAU, vivement.

On se bat?

LE DUC, avec une fièvre croissante.

Le prince d'Auersperg
Est pris par les lanciers polonais de la Garde!

FLAMBEAU, essayant de se soulever.

Et l'Empereur? que fait l'Empereur?

LE DUC.

Il regarde!

FLAMBEAU, soulevé sur les poignets.

L'archiduc se prend-il au piège du Petit?

LE DUC.

Tu vois, cette poussière, au loin, c'est Nansouty!

FLAMBEAU, avidement.

L'archiduc étend-il l'aile de son armée?

LE DUC.

Tu vois, c'est Lauriston, là-bas, cette fumée!

FLAMBEAU, haletant.

Et l'archiduc?... que fait l'archiduc?... le vois-tu?

LE DUC.

L'archiduc élargit son aile!

FLAMBEAU.

Il est foutu!

(Il retombe.)

LE DUC, avec ivresse.

Cent canons au galop!

FLAMBEAU, se débattant sur le sol.

Je meurs!... J'étouffe!... A boire!
—Et... que fait... l'Empereur?

LE DUC.

Un geste.

FLAMBEAU, fermant doucement les yeux.

La victoire.

(Silence.)

LE DUC.

Flambeau!...

(Silence. Puis le râle de Flambeau s'élève. Le duc regarde autour de lui
avec effroi. Il se voit seul dans cette immense plaine avec ce mourant.
Il frissonne, il recule un peu.)

Mais ce soldat couché là, maintenant,
Me fait peur!—Eh bien! quoi! ça n'a rien d'étonnant
Qu'un grenadier français dans cette herbe s'endorme,
—Et cette herbe connaît déjà cet uniforme!

(Il se penche sur Flambeau en lui criant :)

Oui, la victoire!... Au bout des fusils, les shakos!

FLAMBEAU, dans son râle.

A boire!

DES VOIX, dans le vent.

A boire!... A boire!...

LE DUC, tressaillant.

Oh!—Quels sont ces échos?

CINQUIEME ACTE

UNE VOIX, très loin.

A boire!

LE DUC, essuyant une sueur à son front.

Dieu !

FLAMBEAU, d'une voix rauque.

Je meurs.

DES VOIX, de tous côtés, dans la plaine.

Je meurs...   Je meurs...

LE DUC, avec épouvante.

Son râle

Se multiplie au loin...

UNE VOIX, se perdant.

Je meurs...

LE DUC.

... sous le ciel pâle!...

—Ah! je comprends!...   Le cri de cet homme qui meurt
Fut pour ce val qui sait tous les râles par cœur,
Comme le premier vers d'une chanson connue,
Et quand l'homme se tait, la plaine continue!

LA PLAINE, au loin.

Ah!... ah!...

LE DUC.

Ah! je comprends!... plainte, râle, sanglot,
C'est Wagram, maintenant, qui se souvient tout haut!

LA PLAINE, longuement.

Ah!...

LE DUC, regardant Flambeau qui s'est raidi dans l'herbe.

Il ne bouge plus!...

(Avec terreur.)

Il faut que je m'en aille!
Il a vraiment trop l'air tué dans la bataille!...

(Sans le quitter des yeux, il s'éloigne, à reculons, en murmurant.)

Ce devait être tout à fait comme cela!
—Cet habit bleu... ce sang...

(Et tout d'un coup il prend la fuite. Mais il s'arrête,
comme si le soldat mort était encore devant lui.)

Un autre...

(Il veut s'enfuir d'un autre côté
mais il recule encore en criant.)

Un autre, là!...

(Une troisième fois il est arrêté.)

Là...

(Il regarde autour de lui.)

Partout, s'allongeant, les mêmes formes bleues...
Il en meurt!...

(Reculant toujours comme devant un flot qui monte, il s'est re-
fugié au sommet du tertre d'où il découvre toute la plaine.)

il en meurt ainsi pendant des lieues!...

TOUTE LA PLAINE.

Je meurs... Je meurs... Je meurs...

LE DUC.

Ah! nous nous figurions
Que la vague immobile et lourde des sillons
Ne laissait rien flotter! Mais les plaines racontent,
Et la terre, ce soir, a des morts qui remontent!

LA TERRE, sourdement.

Ah!...

(Un murmure de voix indistinctes grossit, se rapproche dans les
herbes mystérieusement agitées.)

LE DUC, grelottant de fièvre.

Et que disent-ils, dans cette ombre, en rampant?

UNE VOIX, dans les hautes herbes.

Mon front saigne !

UNE AUTRE.

Ma jambe est morte !

UNE AUTRE.

Mon bras pend !

UNE AUTRE, plus oppressée.

J'étouffe sous le tas !

LE DUC, avec horreur.

C'est le champ de bataille!
Je l'ai voulu,—c'est lui!

(Les voix montent et se précisent. On entend un grouillement sinistre ;
des plaintes, des râles, des imprécations.)

UNE VOIX.

De l'eau sur mon entaille !

UNE AUTRE.

Regarde, et dis-moi donc ce que j'ai de cassé !

UNE AUTRE.

Ne me laissez donc pas crever dans le fossé !

CINQUIEME ACTE

LE DUC.

Ah! des buissons de bras se crispent sur la plaine!

(Il veut marcher.)

Et je foule un gazon d'épaulettes de laine!

A moi!

UN CRI, à droite.

LE DUC, chancelant.

J'ai glissé sur un baudrier de cuir!...

(Il va vers la gauche, faisant à chaque instant le mouvement d'enjamber.)

UNE VOIX, à gauche.

Dragon! tends-moi les mains!

UNE AUTRE, répondant froidement.

Je n'en ai plus.

LE DUC, éperdu.

Où fuir?

UNE VOIX MOURANTE, tout près.

A boire!

CRI AU LOIN.

Les corbeaux!

LE DUC.

Oh! c'est épouvantable!

Oh! les soldats de bois alignés sur ma table!

L'OMBRE, LE VENT, LES BROUSSAILLES.

Oh!...

LE DUC, avec désespoir.

Spectres chamarrés de blessures, vos yeux
M'épouvantent!—Du moins, vous êtes glorieux!
Vous portez de ces noms dont la patrie est fière!

(A l'un de ceux qu'il croit voir.)

Comment t'appelles-tu?

UNE VOIX.

Jean.

LE DUC, à un autre.

Toi?

UNE VOIX.

Paul.

LE DUC.

Et toi?

UNE VOIX.

Pierre.

LE DUC, fièvreusement, à d'autres.

Et toi?

UNE VOIX.

Jean.

LE DUC.

Et toi?

UNE VOIX.

Paul.

LE DUC.

Et toi, dont les pieds nus

Saignent sans cesse?

UNE VOIX.

Pierre.

LE DUC, pleurant.

O noms, noms inconnus!

O pauvres noms obscurs des ouvriers de gloire!

UNE PLAINTE, derrière lui.

Soulève-moi la tête avec mon sac!

UNE VOIX MOURANTE.

A boire!

LE CHAMP DE BATAILLE, dans un râle fait de milliers de râles.

Ah!...

TUMULTE DE VOIX.

Lés chevaux m'ont piétiné sous leurs sabots!
—Je meurs!—Je vais mourir!—Au secours!

CRI AU LOIN.

Les corbeaux!

UNE VOIX, râlante et gouailleuse.

Ah! bon Dieu de bon Dieu! mon compte, tu le règles!

CRIS AU LOIN.

Les corbeaux!... Les corbeaux!...

LE DUC.

Hélas! où sont les aigles?

DIALOGUE DANS LE VENT,

De l'eau!—Mais c'est du sang, le ruisseau!—Donne-m'en!
J'ai soif!

CINQUIEME ACTE

CRIS DE TOUS LES COTÉS.

J'ai mal !—Je meurs !—Aï !

UNE VIEILLE VOIX ENROUÉE.

Sacrénom !

UNE JEUNE VOIX.

Maman !

LE DUC, immobile, glacé,—deux filets de sang lui coulant des lèvres...

Ah!...

UN GÉMISSEMENT SUR LA ROUTE.

Par pitié ! le coup de grâce, dans l'oreille !

LE DUC.

Ah! je comprends pourquoi la nuit je me réveille!...

UN RALE DANS L'HERBE.

Mais ces chevau-légers sont d'ignobles tueurs !

LE DUC.

Pourquoi d'horribles toux me mettent en sueurs!...

UN CRI DANS UN BUISSON.

Oh ! ma jambe est trop lourde ! il faut qu'on me l'arrache !

LE DUC.

Et je sais ce que c'est que le sang que je crache!

TOUTE LA PLAINE, hurlant de douleur.

Ah!... ah!...

(Dans les ombres blêmissantes qui précèdent l'aube, au grondement d'un orage lointain, sous des nuages bas et noirs qui courent, tout prend une forme effrayante ; des panaches ondulent dans les blés, les talus se hérissent de colbacks fantastiques, un grand coup de vent fait faire aux buissons des gestes inquiétants.)

LE DUC.

Et tous ces bras! tous ces bras que je vois!
Tous ces poignets sans mains, toutes ces mains sans doigts!
Monstrueuse moisson qu'un large vent qui passe
Semble coucher vers moi pour me maudire!...

(Et défaillant, jetant en avant des mains suppliantes.)

Grâce!

Grâce, vieux cuirassier qui tends en gémissant
D'atroces gants crispins aux manchettes de sang!
Grâce, pauvre petit voltigeur de la Garde,
Qui lèves lentement cette face hagarde!

—Ne me regardez pas avec ces yeux!—Pourquoi
Rampez-vous, tout d'un coup, en silence, vers moi?
Dieu! vous voulez crier quelque chose, il me semble!...
Pourquoi reprenez-vous haleine tous ensemble?
Pourquoi vous ouvrez-vous, bouches pleines d'horreur?

(Et courbé par l'épouvante, voulant fuir, ne pas entendre...)

Quoi? Qu'allez-vous crier? Quoi?

TOUTES LES VOIX.

Vive l'Empereur !

LE DUC, tombant à genoux.

Ah! oui! c'est le pardon à cause de la gloire!

(Il dit doucement et tristement à la plaine.)

Merci.

(Et se relevant.)

Mais j'ai compris. Je suis expiatoire.
Tout n'était pas payé. Je complète le prix.
Oui, je devais venir dans ce champ. J'ai compris.
Il fallait qu'au-dessus de ces morts je devinsse
Cette longue blancheur, toujours, toujours plus mince,
Qui renonçant, priant, demandant à souffrir,
S'allonge pour se tendre, et mincit pour s'offrir!
Et lorsque entre le ciel et le champ de bataille,
Là, de toute mon âme et de toute ma taille,
Je me dresse, je sens que je monte, je sens
Qu'exhalant ses brouillards comme un énorme encens
Toute la plaine monte afin de mieux me tendre
Au grand ciel apaisé qui commence à descendre,
Et je sens qu'il est juste et providentiel
Que le champ de bataille ainsi me tende au ciel,
Et m'offre, pour pouvoir, après cet Offertoire,
Porter plus purement son titre de victoire!

(Il se dresse en haut du tertre, tout petit dans l'immense plaine, et se détachant les bras en croix, sur le ciel.)

—Prends-moi! prends-moi, Wagram! et rançon de jadis,
Fils qui s'offre en échange, hélas, de tant de fils,
Au-dessus de la brume effrayante où tu bouges,
Élève-moi, tout blanc, Wagram, dans tes mains rouges!

Il le faut, je le sais, je le sens, je le veux,
Puisqu'un souffle a passé ce soir dans mes cheveux,
Puisque par des frissons mon âme est avertie,
Et puisque mon costume est blanc comme une hostie!

(Il murmure comme si quelqu'un seulement devait l'entendre.)

Père! à tant de malheur que peut-on reprocher?
Chut!... J'ajoute tout bas Schœnbrunn à ton rocher!...

(Il reste un moment les yeux fermés, et dit.)

...C'est fait!...

(L'aube commence à poindre... Il reprend d'une voix forte.)

       Mais à l'instant où l'aiglon se résigne
A la mort innocente et ployante d'un cygne,
Comme cloué dans l'ombre à quelque haut portail,
Il devient le sublime et doux épouvantail
Qui chasse les corbeaux, et ramène les aigles!
Vous n'avez plus le droit de crier, champs de seigles!
Plus d'affreux rampements sous ces bas arbrisseaux:
J'ai nettoyé le vent et lavé les ruisseaux!
Il ne doit plus rester, plaine, dans tes rafales,
Que les bruits de la Gloire et les voix triomphales!

(Tout se dore. Le vent chante.)

Oui! j'ai bien mérité d'entendre maintenant
Ce qui fut gémissant devenir claironnant!...

(De vagues trompettes sonnent. Une rumeur fière s'élève. Les Voix, qui gémissaient tout à l'heure, lancent maintenant des appels, des ordres ardents.)

De voir ce qui traînait de triste au ras des chaumes
S'enlever tout d'un coup en galops de fantômes!...

(Des brumes qui s'envolent semblent galoper. On entend un bruit de chevauchée.)

          LES VOIX, au loin.

En avant!

           LE DUO.

     Maintenant le côté glorieux!
La poudre que la charge, en passant, jette aux yeux!...

           LES VOIX.

Chargez!

(D'invisibles tambours battent des charges.)

LE DUC.

Les rires fous des grands hussards farouches!

LES VOIX, poussant des rires épiques.

Ha! ha!

LE DUC.

Et maintenant, ô Déesse aux cent bouches,
Victoire à qui je viens d'arracher tes bâillons,
Chante dans le lointain!...

LES VOIX, au loin, dans une *Marseillaise* de rêve.

...Formez vos bataillons!...

LE DUC.

La Gloire!...

(Le soleil va paraître. Les nuages sont pleins de pourpres et
d'éclairs. Le ciel a l'air d'une Grande Armée.)

Oh Dieu! me battre en ce flot qui miroite!...

LES VOIX.

Feu!—Colonne en demi-distance sur la droite!

LE DUC.

...Me battre en ce tumulte auquel tu commandas,
O mon père!...

(Dans le bruit de bataille qui s'éloigne, on entend très loin, entre deux batteries
de tambours, une voix métallique et hautaine.)

LA VOIX.

Officiers... Sous-officiers... Soldats...

LE DUC, en délire, tirant son sabre.

Oui! je me bats!...—Fifre, tu ris!—Drapeau, tu claques!
—Baïonnette au canon!—Sus aux blanches casaques!

(Et tandis que les fanfares de rêve s'éloignent et se perdent vers la gauche, dans
le vent qui les balaye, tout d'un coup, à droite, une fanfare réelle éclate, et c'est,
brusque comme un réveil, le contraste, avec les furieux airs français qui s'envolent
parmi les dernières ombres, d'une molle marche de Schubert, autrichienne et dansante, qui arrive dans le rose du matin.)

LE DUC, qui s'est retourné en tressaillant.

Qu'est-ce qui vient de blanc, là, dans le jour levant?
Mais c'est l'infanterie autrichienne!

(Hors de lui, entraînant d'imaginaires grenadiers.)

En avant!

Les ennemis!—Qu'on les enfonce!—Qu'on y entre!
Suivez-moi!—Nous allons leur passer sur le ventre!

(Le sabre haut, il se rue sur les premiers rangs d'un régiment autrichien qui paraît
sur la route.)

CINQUIEME ACTE

UN OFFICIER, se jetant sur lui et l'arrêtant.

Prince! Que faites-vous? C'est votre régiment!

LE DUC, réveillé, avec un cri terrible.

Ah! c'est mon?...

(Il regarde autour de lui. Le soleil s'est levé. Tout a repris un air naturel. De tant de morts il ne reste que Flambeau. Le duc est au milieu d'une grande plaine calme et souriante. Des soldats blancs défilent devant lui. Il voit son destin, l'accepte ; le bras levé pour charger s'abaisse lentement, le poing rejoint la hanche, le sabre prend la position réglementaire, et, raide comme un automate, le duc, d'une voix machinale, d'une voix qui n'est plus que celle d'un colonel autrichien :)

Halte!—Front!—A droite... alignement...

(Le commandement s'éloigne, répété par les officiers.—Et le rideau tombe pendant que l'exercice commence.)

ACTE VI

LES AILES FERMÉES

ACTE VI

LES AILES FERMÉES

Quelque temps après. A Schœnbrunn. La chambre du duc de Reichstadt, sombre et somptueuse.

Au fond, la haute porte noire et dorée qui donne sur le petit Salon de Porcelaine. A droite, la fenêtre. A gauche, une tapisserie dans laquelle se dissimule une petite porte.

Le mobilier tel qu'il est encore aujourd'hui : fauteuils aux bois noirs et dorés, paravent, prie-Dieu, tables et consoles.

Désordre fiévreux d'une chambre de malade. Des fourrures, des livres, des fioles, des tasses, des oranges, et partout, sur tous les meubles, d'énormes bouquets de violettes.

Au premier plan, vers la gauche, un étroit lit de camp. A son chevet, au milieu d'une table basse encombrée aussi de médicaments et de fleurs, un petit bronze de Napoléon Ier.

Au lever du rideau, le duc, horriblement défait, son visage aminci penché sur les trois tours d'une cravate de batiste chiffonnée, ses cheveux blonds, qu'on ne coupe plus, retombant en mèches trop longues, est assis, tout frissonnant, sur le bord du lit. Il s'enveloppe tristement d'un grand manteau qui lui sert de robe de chambre et sous lequel il est en culotte blanche, sans veste, son corps fluet flottant dans le linge bouffant de la chemise et ses mains amaigries perdues dans les manchettes plissées.

Il regarde fixement devant lui.

Debout dans un coin de la chambre, le docteur et le général Hartmann, vieux soldat chamarré de service auprès du prince, causent à voix basse.

La porte du fond s'entre-bâille avec mystère, laissant filtrer une lueur jaune et tremblante. L'archiduchesse se glisse par l'entre bâillement, jette un regard derrière elle comme pour s'assurer que quelque chose est prêt, et referme vite sans bruit. Elle est toute pâle dans ses dentelles.

Après avoir échangé, tout bas, quelques mots avec les deux hommes qui hochent la tête en regardant le duc, elle s'approche de lui sans qu'il s'en aperçoive, et lui prend doucement la main.

Il tressaille, la reconnaît avec surprise.

SCÈNE PREMIÈRE

LE DUC, L'ARCHIDUCHESSE, LE DOCTEUR,
LE GÉNÉRAL HARTMANN

LE DUC, à l'archiduchesse.

Vous!... Mais je vous croyais malade?...

L'ARCHIDUCHESSE, avec une gaieté forcée.

Eh! oui ma foi!

Je viens d'être malade en même temps que toi.
Je vais mieux. Je me lève.—Et toi? ton état?

LE DUC.

Pire,

Puisque vous vous levez pour me voir.

L'ARCHIDUCHESSE.

Tu veux rire!

(Au docteur.)

Votre malade est-il raisonnable, Docteur?

LE DOCTEUR.

Oui, maintenant il prend bien son lait.

L'ARCHIDUCHESSE.

Quel bonheur!

Ah! c'est gentil! ah! c'est...

LE DUC.

Ah! c'est dur tout de même,

D'être—lorsqu'on rêva la louange suprême
De l'Histoire, et qu'on fut une âme qui brûlait!—
Loué pour la façon dont on prend bien son lait!

(Il saisit un des bouquets de violettes posés sur la table auprès de
lui et le passe avec délice sur sa figure en soupirant :)

O boule de fraîcheur sur ma fièvre posée,
Comme une houppe à se mettre de la rosée!...

L'ARCHIDUCHESSE, regardant les fleurs qui remplissent la chambre.

Tout le monde à présent t'en apporte?...

LE DUC.

Oui.

(Et avec un sourire triste.)

Déjà.

SIXIEME ACTE

L'ARCHIDUCHESSE.

Chut!...

(Elle échange un regard avec le docteur qui semble l'encourager, et, après une hésitation, se rapprochant du prince, elle commence, d'une voix embarrassée.)

Pour remercier Dieu qui nous protégea
—Car nous entrons tous deux, Franz, en convalescence—
Je compte, ce matin, communier...

(Le duc la regarde. Elle continue, plus troublée.)

Je pense
Qu'il serait très joli que tous les deux...

(Et brusquement.)

Pourquoi
Ne pas communier tout à l'heure avec moi?

LE DUC, *après l'avoir regardée dans les yeux.*

Voilà pourquoi tu viens, pieusement coquette.

(A voix basse.)

C'est la fin.

L'ARCHIDUCHESSE, *riant.*

Là! j'en étais sûre!... Et l'étiquette?

LE DUC.

L'étiquette?

L'ARCHIDUCHESSE.

Mais oui! Lorsqu'un prince autrichien
Est très mal, on ne peut le tromper. Tu sais bien
Qu'il faut que la Famille Impériale assiste
Lorsqu'il doit recevoir le...

(Elle s'arrête.)

LE DUC.

Le?

L'ARCHIDUCHESSE.

Pas de mot triste!

LE DUC, *regardant autour de lui.*

Au fait, nous sommes seuls!...

L'ARCHIDUCHESSE, *montrant la porte du fond.*

J'ai fait dans le Boudoir
De Porcelaine, là, dresser un reposoir;
Pas le moindre archiduc, la moindre archiduchesse;

Le prélat de la cour pour nous seuls dit la messe.
Tu vois qu'il ne s'agit que de communier,
Et que ce sacrement n'est pas le...

LE DUC.

Le dernier?

C'est vrai.

L'ARCHIDUCHESSE.

Tu vois!...

(Elle lui offre gentiment son bras.)

Viens-tu?...

(Il se lève en chancelant. On entend sonner une clochette à droite.)

Tiens! la messe commence!

(Le duc, appuyé sur l'archiduchesse, se dirige vers la porte du petit salon que le docteur et le général Hartmann ouvrent aussitôt.)

LE DUC.

Oui... c'est vrai qu'il faudrait cette illustre assistance!...

L'ARCHIDUCHESSE.

Nous n'aurons que l'enfant de chœur et le prélat!

LE DUC, *observant en passant le docteur et le général qui sourient.*

Ce n'est donc pas pour aujourd'hui...

(La porte se referme sur l'archiduchesse et sur le prince. Le sourire des deux hommes s'efface. Le général Hartmann va rapidement ouvrir la petite porte dans la tapisserie, et l'on voit entrer silencieusement toute la Famille Impériale.)

LE GÉNÉRAL HARTMANN, *bas, aux archiducs et archiduchesses.*

Mettez-vous là.

(Un doigt sur les lèvres, il leur fait signe de se placer.)

SCÈNE II

LE GÉNÉRAL HARTMANN, LE DOCTEUR,
MARIE-LOUISE, LA FAMILLE IMPÉRIALE,
METTERNICH, puis PROKESCH, LA COM-
TESSE CAMERATA, THÉRÈSE DE LORGET

(Les princes et les princesses, avec mille précautions pour n'être pas entendus, se placent sur plusieurs rangs, tournés vers cette porte fermée derrière laquelle on entend, de temps en temps, une sonnette. Marie-Louise est au

premier rang. Il y a des archiducs très âgés et des archiducs enfants ; et des adolescents qui sont blonds du même blond que le duc. Dans l'ombre de la porte ouverte, on voit briller des uniformes. Metternich, en grand costume, se met au dernier rang de la Famille Impériale.)

LE GÉNÉRAL HARTMANN, voyant que tout le monde s'est immobilisé reprend d'une voix basse et solennelle.

Lorsque, les yeux fermés et l'âme anéantie,
Le duc se penchera pour recevoir l'hostie...

UNE PRINCESSE, aux enfants qu'on a fait mettre devant.

Chut!... silence!...

LE GÉNÉRAL HARTMANN.

           Pendant cette minute où rien
Ne peut faire tourner la tête d'un chrétien,
J'ouvrirai doucement la porte. Une seconde
Vos Altesses verront, de loin, la tête blonde.
Puis je refermerai sans bruit, d'un geste prompt...
Et le duc de Reichstadt relèvera le front
Sans se douter qu'il a, selon l'usage antique,
Devant toute la Cour reçu le viatique.

(A ce moment Prokesch entre à gauche, introduisant deux femmes : la Comtesse Camerata et Thérèse.)

METTERNICH, aux nouveaux arrivants.

Silence...

PROKESCH, tout bas, à la comtesse et à Thérèse.

          On m'a permis de vous placer ici
Derrière la Famille Impériale. Ainsi
Vous pourrez, par-dessus ces têtes inclinées
De princes sur lesquels soufflent les Destinées,
D'enfants pâles auxquels on fait joindre les doigts,
Apercevoir le duc une dernière fois!

THÉRÈSE.

Merci, merci, Monsieur.

MARIE-LOUISE.

          Oh! surtout que personne
Ne bouge quand la porte...

UNE PRINCESSE.

          Ah! la clochette sonne!...

UNE AUTRE.

C'est l'Élévation!...

(Toutes les femmes s'agenouillent.)

LE GÉNÉRAL HARTMANN.

Tout doucement!

LA COMTESSE, qui est restée debout, apercevant Metternich incliné à côté d'elle, lui touche le bras.

Eh bien!
Monsieur de Metternich, vous ne regrettez rien?

METTERNICH, se retourne, la regarde et fièrement.

Non. J'ai fait mon devoir... J'en ai souffert, peut-être...
—C'est à l'amour de mon pays, et de mon maître,
Et du vieux monde, que j'ai, Madame, obéi!...

LA COMTESSE.

Vous ne regrettez rien?

METTERNICH, après une seconde de silence.

Non. Rien.

(Et comme la clochette sonne encore, il dit:)

L'Agnus Dei.

MARIE-LOUISE, au général qui entr'ouvre la porte et regarde par la fente.

Prenez garde, en ouvrant, que la porte ne grince!

METTERNICH, reprenant d'une voix sourde.

Je ne regrette rien... mais c'était un grand prince!
Et quand je m'agenouille, à cette heure, en ce lieu,

(Il plie le genou.)

Ce n'est pas seulement devant l'Agneau de Dieu!

LE GÉNÉRAL HARTMANN, regardant toujours par la porte entre-bâillée.

Le prélat sort le grand ciboire,—il le découvre!...

TOUS, sentant le moment approcher.

Oh!...

LE GÉNÉRAL HARTMANN, les mains sur la porte.

Silence absolu: je vais ouvrir!...

TOUS.

Oh!...

LE GÉNÉRAL.

J'ouvre!

(Il pousse sans bruit les battants. Et l'on aperçoit ce petit salon si gai où tout est en porcelaine, les murs blancs et bleus, le lustre de faïence allumé.

des bouquets de violettes, des enfants de chœur, une brume d'encens, l'or tendre des cierges, le doux luxe de l'autel, et, tournant le dos, agenouillés tous les deux —elle le maintenant d'un bras passé autour des épaules—l'archiduchesse et le duc qui attendent, et le prélat qui descend vers eux, l'hostie déjà tremblante au-dessus du ciboire. Seconde de profonde émotion et de silence. Tout le monde est prosterné, retenant son souffle et ses larmes.)

THÉRÈSE, lentement, se soulève, se soulève pour regarder par-dessus les têtes, regarde, voit,—et dans un sanglot qui lui échappe.

Le revoir ainsi! Lui!... Lui!

(Mouvement d'effroi. Le général Hartmann referme vivement la porte. Tout le monde se lève.)

LE GÉNÉRAL, précipitamment, aux archiducs.

Sortez!... Le duc vient
D'entendre ce sanglot!... Sortez vite!

(Tous ont reflué vers la porte de gauche, mais la porte du Salon de Porcelaine s'ouvre brusquement, le duc paraît sur le seuil, les voit tous là debout devant lui,—et après un long regard qui comprend :)

LE DUC.

Ah?... — Très bien.

SCÈNE III

LES MÊMES, LE DUC, L'ARCHIDUCHESSE

(La Famille Impériale se retire peu à peu.)

LE DUC, calme et avec une majesté soudaine.

J'assurerai d'abord de ma reconnaissance
Le cœur qui, se brisant, a rompu le silence...
Que celle qui pleura n'en ait aucun remord:
On n'avait pas le droit de me voler ma mort.

(Aux archiducs et aux archiduchesses qui s'éloignent avec respect.)

Laissez-moi, maintenant, ma famille autrichienne!
" Mon fils est né prince français ! Qu'il s'en souvienne
Jusqu'à sa mort ! " Voici l'instant: il s'en souvient!

(Aux princes qui sortent.)

Adieu!...

(Et cherchant du regard autour de lui.)

Quel est le cœur qui s'est brisé?

THÉRÈSE, qui est restée agenouillée, humble, dans un coin.

Le mien.

LE DUC, faisant un pas vers elle, avec douceur.

Vous n'êtes pas très raisonnable.—Sur un livre
Vous avez autrefois pleuré de me voir vivre
En Autrichien,—avec à mon habit des fleurs...
Maintenant, vous pleurez en voyant que j'en meurs.

(L'archiduchesse et la comtesse le mènent jusqu'à un fauteuil dans lequel il tombe.)

THÉRÈSE, qui, s'est relevée, se rapproche, et d'une voix timide.

Le rendez-vous...

LE DUC.

Eh bien?

THÉRÈSE.

J'y étais.

LE DUC.

Vous?... pauvre âme!...

THÉRÈSE.

Oui...

LE DUC, mélancoliquement.

Pourquoi?

THÉRÈSE.

Parce que je vous aime.

LE DUC, à la comtesse.

Madame,
Vous me l'aviez caché, qu'elle y était... Pourquoi?

LA COMTESSE.

Parce que je vous aime.

LE DUC.

Et qui donc, près de moi,
Vous a, toutes les deux, fait venir?

(La comtesse et Thérèse lèvent les yeux vers l'archiduchesse.)

Vous?

L'ARCHIDUCHESSE.

Moi-même.

LE DUC.

Pourquoi cette bonté?

L'ARCHIDUCHESSE.

Parce que je vous aime.

SIXIEME ACTE

LE DUC, avec un sourire.

Les femmes m'ont aimé comme on aime un enfant.

(Elles font un geste de protestation.)

Si! Si!

(A Thérèse.)

l'enfant qu'on plaint,

(A l'archiduchesse.)

qu'on gâte,

(A la comtesse.)

et qu'on défend!

Et leurs doigts maternels, toujours, au front du prince,
Cherchaient les boucles d'or du portrait de Lawrence!

LA COMTESSE.

Non! nous avons connu ton âme et ses combats!...

LE DUC, secouant tristement la tête.

Et l'Histoire, d'ailleurs, ne se souviendra pas
Du prince que brûlaient toutes les grandes fièvres...
Mais elle reverra, dans sa voiture aux chèvres,
L'enfant au col brodé qui, rose, grave, et blond,
Tient le globe du monde ainsi qu'un gros ballon!

MARIE-LOUISE.

Parlez-moi!—Je suis là!...—Qu'une parole m'ôte
Le poids de mes remords! J'étais—est-ce ma faute?—
Trop petite, à côté de vos rêves trop grands!
Je n'ai qu'un pauvre cœur d'oiseau, je le comprends!
C'est la première fois, aujourd'hui, qu'il s'arrête,
Cet éternel grelot qui tourne dans ma tête!
—Vous pourriez bien, de moi, vous occuper un peu...
Pardonnez-moi, mon fils!

LE DUC.

Inspirez-moi, mon Dieu,
La parole profonde et cependant légère,
Avec laquelle on peut pardonner à sa mère!

(A ce moment un laquais, qui est entré sans bruit, s'avance vers Marie-Louise. Elle l'aperçoit et comprend.)

MARIE-LOUISE, essuyant ses larmes, au duc.

Ce berceau... qu'hier soir vous avez fait prier
D'apporter...

255

L'AIGLON

LE LAQUAIS.

Il est là.

(Le duc fait signe qu'il veut le voir. Tandis qu'on va le chercher, il aperçoit Metternich pâle et immobile. Il se lève.)

LE DUC.

Monsieur le chancelier,
Je meurs trop tôt pour vous: versez donc une larme!

METTERNICH.

Mais...

LE DUC, fièrement.

J'étais votre force, et ma mort vous désarme!
L'Europe qui jamais n'osait vous dire non
Quand vous étiez celui qui peut lâcher l'Aiglon,
Demain, tendant l'oreille et reprenant courage,
Dira: " Je n'entends plus remuer dans la cage!... "

METTERNICH.

Monseigneur...

(On apporte le grand berceau de vermeil du Roi de Rome.)

LE DUC.

Le berceau dont Paris m'a fait don!
Mon splendide berceau, dessiné par Prudhon!
J'ai dormi dans sa barque aux balustres de nacre,
Bébé dont le baptême eut la pompe d'un sacre!
—Approchez ce berceau du petit lit de camp
Où mon père a dormi dans cette chambre, quand
La Victoire éventait son sommeil de ses ailes!

(Le berceau est maintenant contre le petit lit.)

—Plus près,—faites frôler le drap par les dentelles!
Oh! comme mon berceau touche mon lit de mort!

(Il met la main entre le berceau et le lit en murmurant :)

Ma vie est là, dans la ruelle.

THÉRÈSE, éclatant en sanglots sur l'épaule de la comtesse.

Oh!...

LE DUC.

Et le sort,
Dans la ruelle mince—oh! trop mince et trop noire!—
N'a pu laisser tomber une épingle de gloire!
—Couchez-moi sur ce lit de camp!...

(Le docteur et Prokesch, aidés par la comtesse, le conduisent au lit de camp.)

SIXIEME ACTE

PROKESCH, au docteur.

Comme il pâlit...

(La comtesse a tiré de sa poitrine un grand cordon de la Légion d'Honneur, et tout en installant le prince dans ses coussins, elle le lui passe légèrement sans qu'il s'en aperçoive.)

LE DUC, voit soudain la moire rouge sur son linge, sourit, cherche des mains la croix, et la porte à ses lèvres. Puis il dit en regardant le berceau.

J'étais plus grand dans ce berceau que dans ce lit!
Des femmes me berçaient... Oui, j'avais trois berceuses
Qui chantaient des chansons vieilles et merveilleuses!
Oh! les bonnes chansons de Madame Marchand!...
Qui donc, pour m'endormir, me bercera d'un chant?

MARIE-LOUISE, agenouillée près de lui.

Mais ta mère, mon fils, peut te bercer, je pense!

LE DUC.

Est-ce que vous savez une chanson de France?

MARIE-LOUISE.

Moi?... Non...

LE DUC, à Thérèse.

Et vous?

THÉRÈSE.

Peut-être...

LE DUC.

Oh! chantez à mi-voix:

Il pleut, bergère...
(Elle fredonne l'air.)
ou bien: *Nous n'irons plus au bois...*
(Elle fredonne encore.)
Et chantez: *Sur le pont d'Avignon*... pour me faire
Endormir doucement dans l'âme populaire...
(Elle murmure maintenant la ronde qu'il demande.)
Il en est une encore... oui... que j'aimais beaucoup:
Ah! ah! c'est celle-là qu'il faut chanter surtout!
(Il se soulève, l'œil hagard, et chante :)
Il était un p'tit homme,
Tout habillé de gris!...
(Sa main va vers la statuette de l'Empereur, et il retombe.)

257

THÉRÈSE.

Tombe, mil huit cent trente après mil huit cent onze!...

LA COMTESSE.

Comme un cristal brisé par un écho de bronze!...

L'ARCHIDUCHESSE.

Comme un accord de harpe après des airs guerriers!...

THÉRÈSE.

Comme un lys qui sans bruit tombe sur des lauriers!

LE DOCTEUR, après s'être penché sur le prince.

Monseigneur est très mal.   Il faut que l'on s'écarte!
(Les trois femmes s'éloignent du lit.)

THÉRÈSE.

Adieu, François!

L'ARCHIDUCHESSE.

Adieu, Franz!

LA COMTESSE.

Adieu, Bonaparte!

MARIE-LOUISE, qui, près du lit, a reçu la tête du duc sur son épaule.

Sur mon épaule, là, son front s'appesantit!

LA COMTESSE, s'agenouillant au bout de la chambre.

Roi de Rome!

L'ARCHIDUCHESSE, de même.

Duc de Reichstadt!

THÉRÈSE, de même.

Pauvre petit!

LE DUC, délirant.

Les chevaux! Les chevaux!

LE PRÉLAT, qui est entré depuis un moment avec des enfants de chœur
portant des cierges allumés.

Mettez-vous en prière!

LE DUC.

Les chevaux pour aller au devant de mon père!
(De grosses larmes coulent sur ses joues.)

MARIE-LOUISE, au duc qui la repousse.

Mais je suis là, mon fils, pour essuyer vos pleurs!

SIXIEME ACTE

LE DUC.

Non! laissez approcher les Victoires, mes sœurs!
Je les sens, je les sens, ces glorieuses folles,
Qui viennent dans mes pleurs laver leurs auréoles!

MARIE-LOUISE.

Que dis-tu?

LE DUC, tressaillant.

Qu'ai-je dit? Je n'ai rien dit!... Hein! Quoi?

(Il regarde autour de lui comme s'il craignait qu'on eût compris.)

Non!... Rien!...

(Et mettant un doigt sur ses lèvres.)

C'est un secret entre mon père et moi.

(Il désigne le voile de dentelle du berceau.)

Donnez, que de ce voile exquis je m'enveloppe
Pour pousser le soupir qui délivre l'Europe!
Trop de gens ont besoin de ma mort... et je meurs
D'avoir été tué, tout bas, dans trop de cœurs!

(Il ferme un instant les yeux.)

... Ah! mon enterrement sera laid... Des arrières
Quelques laquais portant des torches aux portières...
Les capucins diront leurs chapelets de buis...
Et puis ils me mettront dans leur chapelle... et puis...

(Il pâlit affreusement, se mord les lèvres.)

MARIE-LOUISE.

Explique ce que sont tes douleurs?

LE DUC.

Surhumaines...

Et puis la Cour prendra le deuil pour six semaines!

LA COMTESSE.

Voyez! au lieu du drap, il ramène sur lui
Le voile du berceau!

LE DUC, haletant.

Ce sera très laid... oui...

Mais il faut en mourant... oui... que je me souvienne...
Qu'on baptise à Paris mieux qu'on n'enterre à Vienne!

(Appelant.)

Général Hartmann!...

LE GÉNÉRAL HARTMANN, s'avançant.

Prince...

LE DUC, balançant d'une main le berceau.

Oui... j'attendrai la mort
En berçant le passé dans ce grand berceau d'or!

(De l'autre main il tire un livre qui est sous son oreiller, et le tend au général.)

Général...

(Le général prend le livre. Le duc se remet à balancer le berceau.)

Le passé... je le berce... et c'est comme
Si le duc de Reichstadt berçait le Roi de Rome!
—Général, voyez-vous l'endroit marqué?

LE GÉNÉRAL HARTMANN, qui a ouvert le livre.

Je vois.

LE DUC.

Bien. Pendant que je meurs, lisez à haute voix.

MARIE-LOUISE, criant.

Non! non! je ne veux pas, mon enfant, que tu meures!

LE DUC, solennellement, après s'être remonté sur ses coussins.

Vous pouvez commencer à lire.

LE GÉNÉRAL HARTMANN, lisant debout au pied du lit.

Vers sept heures,
Les chasseurs de la Garde apparaissent, formant
La tête du cortège...

MARIE-LOUISE, comprenant ce qu'il se fait lire, tombe à genoux en pleurant.

Oh! Franz!

LE GÉNÉRAL HARTMANN.

A ce moment,
La foule, où l'on peut voir sangloter plus d'un homme,
Pousse un immense cri: Vive le Roi de Rome!

MARIE-LOUISE.

Franz!

LE GÉNÉRAL HARTMANN.
Les coups de canon s'étant précipités.
Le Cardinal vient recevoir Leurs Majestés;

SIXIEME ACTE

Le cortège entre ; il est réglé par les usages ;
Les huissiers, les hérauts d'armes, leur chef, les pages,
Les divers officiers d'ordonnance, les...

(Voyant que le duc a fermé les yeux, il s'arrête.)

LE DUC, rouvrant les yeux.

Les?...

LE GÉNÉRAL HARTMANN.

Les chambellans avec les préfets du palais ;
Les ministres ; le grand écuyer...

LE DUC, d'une voix défaillante.

Veuillez lire!

LE GÉNÉRAL HARTMANN.

Les grands aigles, les grands officiers de l'Empire ;
La princesse Aldobrandini tient le chrémeau ;
Les comtesses Vilain XIV et de Beauveau
Ont l'honneur de porter l'aiguière et la salière...

LE DUC, de plus en plus pâle et se raidissant.

Lisez toujours, Monsieur.—Soulevez-moi, ma mère.

(Marie-Louise aidée de Prokesch le soulève sur ses oreillers.)

LE GÉNÉRAL HARTMANN.

Puis le grand-duc, auprès du petit souverain,
Remplaçant l'Empereur d'Autriche, son parrain ;
Puis vient la reine Hortense ; aux côtés de la reine
Vient Son Altesse Impériale la Marraine.
Enfin le roi de Rome est apparu, porté
Par Madame de Montesquiou. Sa Majesté,
Dont la foule put admirer la bonne mine,
Avait un grand manteau d'argent doublé d'hermine,
Que le duc le Valmy soulevait de deux doigts.
Puis les princes...

LE DUC.

Passez les princes!

LE GÉNÉRAL HARTMANN, passant une page.

... puis les rois...

LE DUC.

Passez les rois. La fin de la cérémonie!

261

L'AIGLON

LE GÉNÉRAL HARTMANN, après avoir passé plusieurs pages.

Alors...

LE DUC.

J'entends moins bien. Plus haut!

LE DOCTEUR, à Prokesch.

C'est l'agonie.

LE GÉNÉRAL HARTMANN, d'une voix éclatante.

Alors, quand le héraut eut trois fois, dans le chœur,
Crié: "Vive le roi de Rome!" l'Empereur,
Avant qu'on ne rendît l'enfant à sa nourrice,
Le prit entre les bras de...

(Il hésite en regardant Marie-Louise.)

LE DUC, vivement, et posant avec une noblesse infinie la main sur les cheveux
de Marie-Louise agenouillée.

De l'Impératrice!

(A ce mot qui pardonne et qui la recouronne, la mère éclate en sanglots.)

LE GÉNÉRAL HARTMANN.

L'éleva pour l'offrir à l'acclamation;
Le Te Deum...

LE DUC, dont la tête se renverse.

Maman!

MARIE-LOUISE, se jetant sur son corps.

François!

LE DUC, rouvrant les yeux.

Napoléon.

LE GÉNÉRAL HARTMANN.

...Le Te Deum *emplit le vaste sanctuaire,*
Et le soir même, dans la France tout entière,
Avec la même pompe, avec le même élan...

LE DOCTEUR, touchant le bras du général Hartmann.

Mort.

(Silence. Le général referme le livre.)

METTERNICH.

Vous lui remettrez son uniforme blanc.

FIN

Dans la Crypte des Capucins
à Vienne.

Et maintenant il faut que Ton Altesse dorme,
—Ame pour qui la Mort est une guérison,—
Dorme, au fond du caveau, dans la double prison
De son cercueil de bronze et de cet uniforme.

Qu'un vain paperassier cherche, gratte, et s'informe ;
Même quand il a tort, le poète a raison.
Mes vers peuvent périr, mais, sur son horizon,
Wagram verra toujours monter ta blanche forme !

Dors.   Ce n'est pas toujours la Légende qui ment.
Un rêve est moins trompeur, parfois, qu'un document.
Dors ; tu fus ce Jeune homme et ce Fils, quoi qu'on dise

Les cercueils sont nombreux, les caveaux sont étroits,
Et cette cave a l'air d'un débarras de rois . . .
Dors dans le coin, à droite, où la lumière est grise.

* * *

Dors dans cet endroit pauvre où les archiducs blonds
Sont vêtus d'un airain que le Temps vert-de-grise.
On dirait qu'un départ dont l'instant s'éternise
Encombre les couloirs de bagages oblongs.

Des touristes anglais traînent là leurs talons,
Puis ils vont voir, plus loin, ton cœur, dans une Église
Dors, tu fus ce Jeune homme et ce Fils, quoi qu'on dise.
Dors, tu fus ce martyr ; du moins, nous le voulons.

. . . Un Capucin pressé d'expédier son monde
Frappe avec une clef sur ton cercueil qui gronde,
Dit un nom, une date,—et passe, en abrégeant. . .

Dors ! mais rêve en dormant que l'on t'a fait revivre,
Et que, laissant ton corps dans son cercueil de cuivre,
J'ai pu voler ton cœur dans son urne d'argent.

19

CPSIA information can be obtained at www.ICGtesting.com
Printed in the USA
268361BV00009B/142/P